「豊かな地域」はどこがちがうのか

——地域間競争の時代

根本祐二
Nemoto Yuji

ちくま新書
992

JN319560

はじめに

　人は誰しもどこかの地域に住んでいます。本書は、地域を客観的に評価する人口分析の手法を使って、それぞれの地域が抱える問題にどういうように取り組み、成功あるいは失敗してきたかをつづった物語です。

　身の丈に合った公共事業で財政を健全化し、魅力的な住宅をつくってファミリー層の移住に成功している長野県下條《しもじょう》村のような成功事例とともに、民間の石炭産業の衰退という衝撃に対して、「民から官へ」によって公共サービスを維持した結果、財政破綻に追い込まれた北海道夕張《ゆうばり》市のような失敗事例も含まれています。

　筆者は大学卒業後、銀行員（日本政策投資銀行）と大学教員（東洋大学）として地域問題に取り組んできました。そして、これらの経験を通じて、地域を客観的に見る方法を開発してきました。地域のことは地域の人が一番良くわかっていると言われることがありますが、地域にいるからこそ気づかないこと、気づいていても言えないことも多いものです。

最終的に地域を再生するのは、その地域の人の責任ですが、地域の人が気づかない点に光をあてて参考にしてもらうという形でのお手伝いは簡単にできます。

本書は、そうした「地域を見る目を養う」という観点で書いたものです。特に、人口の動きを見る手法を使っています。経済を人口から捉える方法は、筆者の同僚でもあった藻谷浩介氏（元日本政策投資銀行、現日本総研）や松谷明彦氏（元大蔵省＝当時、現政策研究大学院大学）なども用いており、現在の地域分析手法の主流になっています。

特に、東洋大学の大学院では、わずか数分の時間で書ける年代別人口増減図（通称コーホート図）というグラフを描く方法を使っています。どこかの地域を訪れ、何か調べる際には、まずこのアプローチをします。市区町村はもとより、丁目単位で細かく見ることで、その地域に行ったことがなくても、その地域の人が気づいていない本質的な特徴を見抜くことができます。

人が動くには理由があります。人が増えているとすれば何らかのプラスの要素が、人が減っているとすれば何らかのマイナスの要素があります。どの年代の人がどの程度増減しているかを見れば、その地域が持っているプラス／マイナスの要素を浮かび上がらせることができます。同じような特徴を持っていると思えた地域が、実はまったく違う状況であることがわかったり、逆に縁もゆかりもない地域が同じ状況であったりします。

今まで多くの地域でこの図を使ってお話をしてきました。自分の住んでいる地域のコーホート図を描ける人はまずいません。複数の図をお見せして「この中から選んでください」と言っても、はずれることは多いです。それだけ自分の地域の実態はわからないものです。わからないからこそ、この図をヒントにして発展できる可能性があるのです。

まずは、地域を客観的に把握することが近道です。人間の健康と同じです。健康診断をして病状を把握し、短所を補い、長所を伸ばしていきます。本書を通じて、自分の住んでいる地域を客観的に分析し、何か自分にもできることはないか探していただくことをおすすめします。

最後になりましたが、本書の執筆は、長年筆者を薫陶してくれた日本政策投資銀行の先輩、後輩、そして現在、地域再生の実践に励んでいる東洋大学の同僚、スタッフ、学生、卒業生の協力と示唆の賜《たまもの》であります。また、筑摩書房の小船井健一郎氏には、間断なく督励され、無事出版するという快挙の原動力になっていただきました。この場を借りてお礼申し上げます。

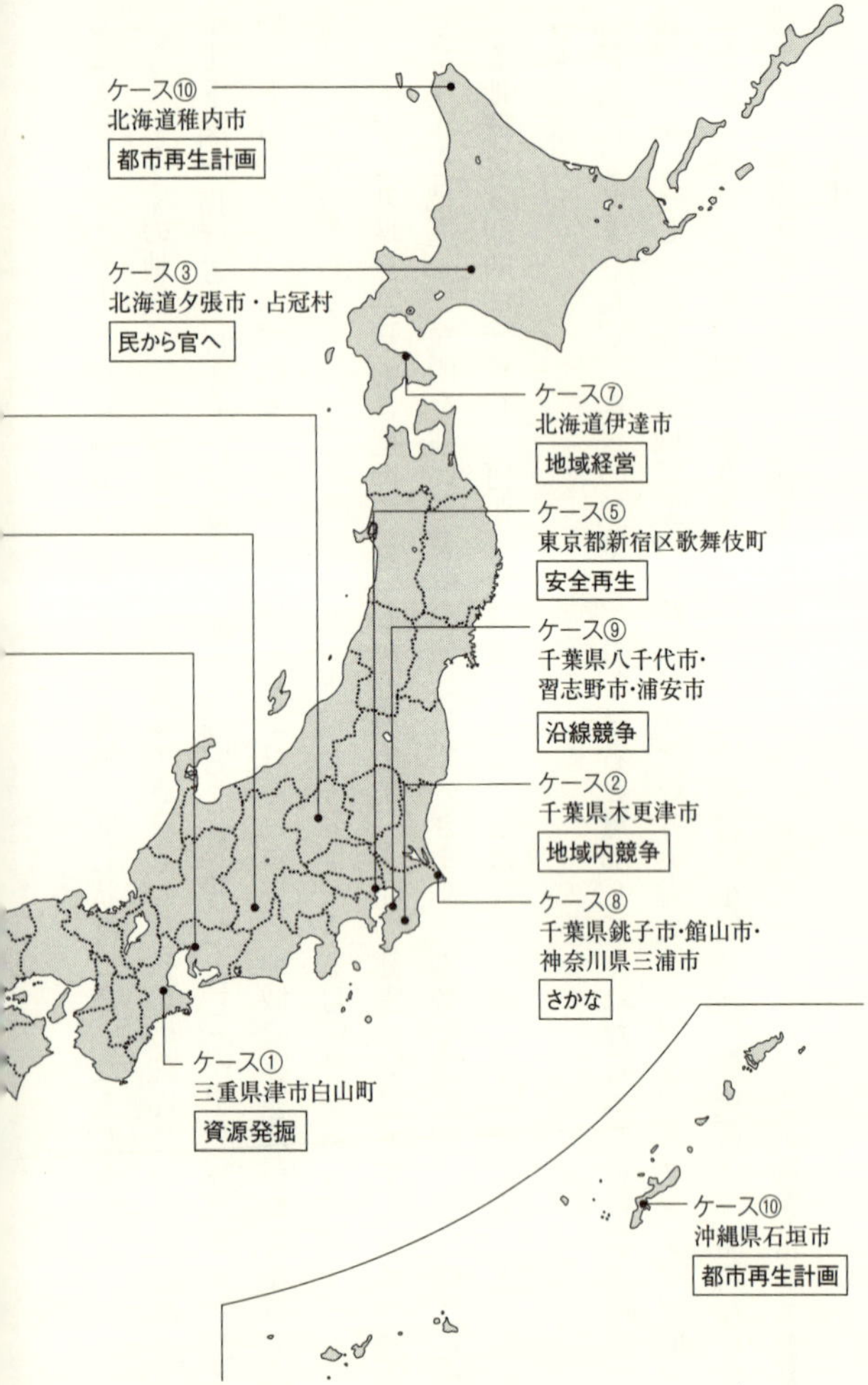

ケース⑩
北海道稚内市
都市再生計画
ケース③
北海道夕張市・占冠村
民から官へ
ケース⑦
北海道伊達市
地域経営
ケース⑤
東京都新宿区歌舞伎町
安全再生
ケース⑨
千葉県八千代市・
習志野市・浦安市
沿線競争
ケース②
千葉県木更津市
地域内競争
ケース⑧
千葉県銚子市・館山市・
神奈川県三浦市
さかな
ケース①
三重県津市白山町
資源発掘
ケース⑩
沖縄県石垣市
都市再生計画

本書で扱う地域マップ

ケース⑪
岩手県紫波町・遠野市
災害援助
ケース⑦
長野県下條村
地域経営
ケース⑥
大阪市此花区
テーマパーク誘致
ケース④
大分県豊後高田市
商店街再生

「豊かな地域」はどこがちがうのか——地域間競争の時代

【目次】

はじめに　003
本書で扱う地域マップ　006
第1章　地域間競争の時代がはじまる　015
地球規模の地域間競争がはじまる——進む情報化とグローバル化／観光・生活・企業誘致の大競争／必然の流れには逆らえない／地域の人が地域のことを知っているとは限らない／地域の真実は「人口増減分析」でわかる／年代別に把握すると見えるもの／どんな地域にも特徴がある——「人の動き」を簡単に分析する方法／グラフを読みとる例——千葉県八千代市／さらに深く調べる
第2章　「豊かな地域」はどこがちがうのか——図で読む11の町の物語　039
ケース①　忘れられた資源を発掘した町　三重県津市白山町【資源発掘】　040
市町村合併で弱まる地域／民間施設はコミュニティの再生に役立つか／ユニークな人材という宝の山／人口増減からわかる全寮制高校の影響／学校と地域の交流が育むもの

ケース② 衰退する駅前と伸びる郊外の町 千葉県木更津市【地域内競争】 055
変化する消費の場――百貨店からスーパー、コンビニへ／百貨店の破綻、衰退する駅前／流出する若者と流入する子育て世代／木更津市はなぜプラスの人口循環になったのか／衰退したままの中心市街地／どのように衰退した駅前を活性化するか
ケース③ 歴史の流れに逆らおうとした町 北海道夕張市・占冠村【民から官へ】 074
自治体の財政破綻、減りつづける人口／破綻の原因は何だったのか／衰退からの再生策――「民から官へ」の選択／本当の危機にならないと危機感は持てない／夕張の破綻は避けられたか／日本一公共施設が多い占冠村の危機／決断の時が成否を分ける
ケース④ 衰退した商店街を再生した町 大分県豊後高田市【商店街再生】 094
「猫しか通らない商店街」への反省／「昭和の町」への原点回帰／商店街復活の秘訣は何か／商店街が市全体を活性化する／商店街の成功は雇用を生むか
ケース⑤ 人が住めるまで戻した町 東京都新宿区歌舞伎町【安全再生】 110
歌舞伎町の歴史をたどる／民主導の復興のはじまり／「歌舞伎町＝性風俗の町」というイメージ

の誕生／歌舞伎町再生への動き／店子を集める「第三の喜兵衛」プロジェクト／新宿区のコーホート図からわかること／歌舞伎町で働き、住む若者が増えている

ケース⑥　テーマパークが変えた町　大阪市此花区【テーマパーク誘致】　126
此花区とはどういう場所か／「ユニバーサル・スタジオ・ジャパン・プロジェクト」の始動／ディズニーランドは巨大なショッピングセンターである／映画産業という成功の基盤／どのように集客のリスクをとるか／周辺に起こる関連産業／テーマパーク開業の地域への影響

ケース⑦　高齢者も若者も来る町　長野県下條村・北海道伊達市【地域経営】　147
インフラを活かす二つのアイデア／「自分たちの村は自分たちでつくる」という発想／意志決定のスピードの重要さ／若者も高齢者も集まる村／高齢者の集まる村・北海道伊達市のケース／再注目される田園都市／どのような人たちが集まっているか

ケース⑧　〝さかな〟に強い町、弱い町　千葉県銚子市・神奈川県三浦市・千葉県館山市【さかな】　164
銚子市の歴史をたどる／人口減少時代に入る銚子市／三浦市の歴史といま／館山市の歴史をたどる／観光地への変化／くりかえされる市町村合併／館山市はなぜ雇用の創出に成功したか／3市

のコーホート図を比べる／「さかなの町」はどうして差が出たのか
ケース⑨ 沿線同士で競争している町 千葉県八千代市・習志野市・浦安市【沿線競争】 188
沿線間の定住人口の奪い合い／習志野市の歴史といま／浦安市の歴史といま／沿線3市の人口を比べる／単身世代と子育て世代の違い／東京との関係を考える／人口増加が招くインフラの老朽化
ケース⑩ 国境に近い町 北海道稚内市・沖縄県石垣市【都市再生計画】 207
都市再生計画の背景――民の力を使う工夫のはじまり／稚内市の歴史といま／最北端にふさわしい町づくりとは何か／石垣市の歴史といま／なぜ石垣市の人口は増えているのか／稚内市と石垣市を比較する
ケース⑪ 広い視野で生きている町 岩手県紫波町・遠野市【災害援助】 227
東日本大震災と地域再生／岩手県紫波町の歴史といま／60万人都市のポテンシャルを活かすには／紫波町のコーホート図を読む／岩手県遠野市の歴史といま／遠野市にしか果たせない機能とは何か／相互信頼の水平ネットワークの発想／遠野市の人口コーホート図を読む

第3章　シティ・マネジメントへの誘い——客観的データで地域を経営するために　247
地域を知る方法①——長期人口推移／地域を知る方法②——コーホート分析／地域を知る方法③——従業・通学分析／地域を知る方法④——経済センサス／シティ・マネジメントへの入口／シティ・マネジャーという自治体経営の専門家／自治体の破綻と経営の専門家の登場／収支を均衡させるバジェット・オフィサー／日本での適用／地域分析とシティ・マネジメントの多様性／下條村にみるシティ・マネジメントの成功例

おわりに　267

第１章

地域間競争の時代がはじまる

†地球規模の地域間競争がはじまる――進む情報化とグローバル化

今、地域のおかれている環境を簡単に表すと、「地球規模の地域間競争」ということばが一番ぴったりしています。地域は互いに競争していますが、その競争相手は、お隣の町ではなく遠い地球の反対側にいるかもしれないという意味です。

地球規模の地域間競争の状況を起こした原因が二つあります。「情報化」と「グローバル化」です。

情報化というのは、普通、情報通信技術（ＩＣＴ）を生かして、製品やサービスの生産性を引き上げることを意味しています。しかし、そもそも、個人も企業も何らかの行動をする前に正確な情報を入手して判断するようになってきていること自体が情報化だと思います。そうした必要な情報を簡単に提供できる環境が整ってきているため、情報が開示され、広報され、国境を越えてどんどん世界に伝わっていきます。今や、自宅やオフィスにいながらにして、地球の反対側の地域の情報を得ることができます。良い情報も悪い情報も伏せておくことはできません。ネットを通じて、瞬時に世界に広がっていきます。情報化が進むにつれて、多くの人に見てもらえるように、そして正しく理解してもらえることを前提に、情報が作られるようになりました。

一方、グローバル化というのは、国境を越えて、ヒト、モノ、カネが移動しやすくなる状態を指しています。以前は一生に1回海外旅行できればラッキーでしたが、今は1年に何回も海外に出ていく人が少なくありません。日本人にとってのグローバル化の障壁である言語への抵抗も以前ほどではなくなりました。世界には国境を越えて自由に頻繁に移動している人は少なくありません。企業も以前とは比べものにならないほど自由に動けるようになりました。もはや国境なしと言い切っている企業も多数あります。

情報化とグローバル化は、地球のどの地域の情報も、簡単に得ることができるとともに、実際にそこに手軽に移動できるような環境を整えてくれました。自分の目的に合うような地域は地球上のあらゆるところに存在し、その情報を正確に得ることができれば、机の上に並べて客観的に比較することができます。そのなかで、自分の基準に合うものを一つ選べば良いのです。安全が確保されていない国も、「安全でない」という情報をつけ加えて選択肢に入れることができます。

†観光・生活・企業誘致の大競争

昔は、モノやサービスを選ぶ範囲は限られていました。少なくとも日本の国内、それも近くの地域の中から選ばれていました。その時代は、お隣同士の地域間競争だったと言えます。しかし情報化とグローバル化は、選択肢を地球規模に広げました。これが「地球規模の地域間競争」の意味です。

地球規模の地域間競争は、どんな分野でも起きます。典型的なのは、観光です。

私は小学校低学年まで宮崎《みやざき》市に住んでいました。当時宮崎は新婚旅行の行き先として有名で、最盛期には、全国の新婚旅行カップルの実に35％が宮崎を訪れたと言われています。読売ジャイアンツが宮崎キャンプを始めたのはこの時期です。島津貴子さんご夫妻や皇太子ご夫妻（現天皇皇后両陛下）も訪れ、脚光を浴びました。全国に先駆けて空港をジェット化した宮崎は、飛行機に乗って観光に行くという新しいレジャースタイルを開発したことになります。熱海《あたみ》や日光《にっこう》など、首都圏から近いライバル都市との全国的な競争に勝ったわけです。

しかし、画一的な新婚旅行が敬遠されるようになり、沖縄や海外を選ぶ傾向が強まると、宮崎のシェアはどんどん低下していきました。その後、宮崎はゴルフリゾートや国際コンベンション（会議）、名産品の開発などを進め、観光客を確保しています。新婚旅行という競争力を失った結果、別の競争力を身につけようとしたのです。

地域が競争するのは、別に新婚旅行の訪問地に限ったことではありません。一般の観光でも同じです。きれいな海でダイビングをしたい人にとっての選択肢は、沖縄やサイパンだけでなく、プーケット（タイ）、セーシェル（インド洋）、ヴァージン諸島（カリブ海）と無限に広がります。日本で一番美しい珊瑚礁だったとしても、世界にはそれ以上の珊瑚礁がいくらでもあります。

もちろん住む場所でも同じです。観光と違って、日本人は日本志向が強く外国を選ぶことはまだまれですが、安全、環境、費用などに大きな差がついてくると、日本人でも日本に住んでくれるという保証はなくなります。いわんや、国内での移動ははるかに抵抗が少ないでしょう。その決め手は、便利さ、自然環境、教育や医療の水準などに大きく左右されます。こうした魅力がないにもかかわらず、一度ふるさとを出た子どもたちが、いずれは帰ってきてくれると安易に期待してはなりません。

もっと厳しいのは、企業の立地です。企業が本社や工場を立地させる際には、その国の規制や制度、交通の利便性、インフラや技術水準、人材の量や質などを総合的に評価します。グローバルに活動している企業は、立地場所を最初から日本のある地点と決めて考えることはありません。本社であれば、アジアの他地域、シンガポールや香港や上海やソウルと比べて、企業の目的にかなっているかどうかをクールに判断します。工場であれば、中国、インド、ベトナム、今後はミャンマーやバングラデシュへの投資も本格化するでしょう。

最近では、すでに誘致した企業でも縮小する例が増えています。三重県亀山市のシャープの液晶工場やパナソニックの尼崎《あまがさき》や茂原《もばら》の工場も円高により海外に機能を移転し、その際に、立地時に受け取った補助金の一部を返還しています。いったん受け取った補助金を返上してでも日本で生産を続けることに合理性がなくなってきたのです。

†必然の流れには逆らえない

人や企業は動ける存在です。地球の中でもっとも適した場所を選ぶ権利を持っています。その地域の人たちがいかにがんばっていたとしても、その地域を選ばなければならない義務はありません。これが自由主義であり、その原則を崩すと日本の社会経済は成り立ちません。

一方、国や地域は動けない存在です。与えられた物理的な場所を前提にして行動せざるをえません。定住人口を増やしたり、企業立地件数を増やすのは、自治体にとっての大きな目標です。そのためにライバル地域との競争を繰り広げます。そのライバル地域が、お隣の町だけではなく、すべての地域に広がろうとしています。知らない地域、見えない地域との戦い、それに勝つことが求められます。まず、知らない地域のことを知る、そして勝てるような方法を考える、そして実際に勝つ。こうしたことが地域には求められています。

地域に競争はなじまない、競争させるべきではないという人もいるかもしれません。しかし、地球規模の地域間競争とは、あるべき姿や望ましい姿を記述した表現ではありません。現実を客観的に記述したものです。「べきでない」と言ってみても、現実がそうであれば受け入れざるを得ないでしょう。

地球規模の地域間競争という言葉は、2004~05年ごろ、私が政策投資銀行の地域企画部長という立場にあったときに使いはじめました。地域のおかれている環境を客観的に表現したつもりでしたが、ある支店長から、「地球規模というのはいかにも大げさで、自治体の人がどきっとするので、使わないでほしい」と要望されたことがあります。「自治体の職員は世界を意識していない」とも言っていました。

私は、その支店長が、地域のために本当に汗水垂らして奮闘努力していることを知っていましたので、そういう人ですら、まだこの程度の認識しかないことを知って愕然としました。その地域には、国際空港も国際コンテナ港湾もあります。世界から人を集める名所旧跡も、世界市場でトップシェアを持っている企業の本社もあります。多くの外国人が住んでいる都市もあります。その地域の民間人はみな世界で競争しているのに、自治体の職員が世界を意識せずに地域を経営できるでしょうか。

†地域の人が地域のことを知っているとは限らない

もう一つ、銀行員時代によく使っていた言葉が、「地域の人が地域のことを知っているとは限らない」ということです。

地域の仕事をしていると、どうしても、「地域のことは地域の人が一番良く知っている」という考え方におちいります。実際、私も、銀行の中では地域を弁護する立場にいましたので、本部の総務部門に対してはこの言葉を乱発していました。しかし、実際には、自治体や商工会議所の方々にいろいろ質問しても、答えが返ってこないことが少なくありませんでした。地域を経営するうえで当然必要になるような基本的な情報でも、肝心の地域の人が知らないのは困ったものです。

でも、「地域の人が地域のことを知っているとは限らない」と考えれば理解できます。少なくとも、自分は自分が生まれ育ったふるさとの鹿児島市や、現在住んでいる千葉県八《や》千代《ちよ》市のことはほとんど知りません。どうでもいいこと、身近なことは知っていますが、重要なことは知らないものです。

私は、地域の人にしかわからないことも多いけれども、同時に、地域にいるとわからないこと、わかっていても目を背けていることも多いはずだと思っています。もし、本当に、「地域のことは地域の人が一番良く知っている」のであれば、その一番詳しい人が考えて行動した結果うまくいかないとなると、その先どうしようもないではないですか。

逆に、外から、地域の人が気づかないようなちょっとしたヒントを出せば、地域を応援することができるのではないかと考えています。

†地域の真実は「人口増減分析」でわかる

本書は、地域の人が気づいていない（かもしれない）ことを簡単な方法で見つける本です。使う方法は、主に年代別人口増減図（通称コーホート図）です。

地球規模での地域間競争の結果は、人口の増減に表れます。魅力のある地域には人が集まり、魅力のない地域からは人が出ていきます。少なくとも自由主義の国では、人が地域間を移動する動きを制約することはできませんから、人口増減がもっとも客観的な成果です。個人にたとえれば、健康診断や学校の成績にあたります。どんなに体調に気をつかっていると思っていても、血圧やコレステロール値が高ければ健康上問題があることになります。同じように、試験の出来は良くても合格の基準に達していなければ、希望の学校に入学することはできません。

人口増減は、努力の最終結果をクールに分析する方法です。

人口の増減を調べる方法には、5年に1回の国勢調査のほか、住民基本台帳調査があります。住民基本台帳は、いわゆる住民票の元になっているデータなので、毎日データが収集されています。毎月のデータをホームページで公開している自治体も少なくありません。

人口の絶対数を見るだけなら住民基本台帳だけで十分です。

一方の国勢調査は、実際に個人毎に確認しているので、住民票を動かしていなくても実際にそこに住んでいれば統計に表れるという特徴があります。また、単に何人という人数情報だけでなく、年齢、通勤地、通学地、家族構成などもわかります。幸いなことに、日本は統計がしっかりしている国です。この統計を上手に活かして使い分ければ、実に多くの調査を行うことができます。私のような学者や行政はもちろん、ビジネスで使うこともできます。

†年代別に把握すると見えるもの

特に、おもしろいのが年齢別のデータです。同じだけの人数が地域を出入りしても、「何歳の人が移動するか」によってその意味は違ってきます。

一般的に、人口統計では3分類の年齢表記が用いられています。0〜14歳が「年少人口」、15〜64歳が「生産年齢人口」、65歳以上が「高齢人口」と呼ばれています。普通、少子高齢化が進んでいるということは、3分類の内の年少人口が減り、高齢人口が増えることを意味しています。年少人口が減れば、少し遅れて生産年齢人口の減少もはじまります。

図1　人口階層の意味

<table>
<tr><td>0</td><td>1</td><td>2</td><td>3</td><td>4</td><td>5</td><td>6</td><td>7</td><td>8</td><td>9</td><td>10</td><td>11</td><td>12</td><td>13</td><td>14</td><td>15</td><td>16</td><td>17</td><td>18</td><td>19</td></tr>
<tr><td colspan="15">年少人口</td><td colspan="5">生産年齢人口</td></tr>
<tr><td colspan="6">乳幼児期</td><td colspan="6">小学生期</td><td colspan="3">中学生期</td><td colspan="3">高校生期</td><td colspan="2">大学生期</td></tr>
<tr><td colspan="5">乳幼児期</td><td colspan="5">小学生期</td><td colspan="5">小学校高学年・中学生期</td><td colspan="5">高校生・大学生期</td></tr>
<tr><td>20</td><td>21</td><td>22</td><td>23</td><td>24</td><td>25</td><td>26</td><td>27</td><td>28</td><td>29</td><td>30</td><td>31</td><td>32</td><td>33</td><td>34</td><td>35</td><td>36</td><td>37</td><td>38</td><td>39</td></tr>
<tr><td colspan="20">生産年齢人口</td></tr>
<tr><td colspan="2">大学生期</td><td colspan="8">就職期</td><td colspan="10">子育て世代</td></tr>
<tr><td colspan="5">大学生・就職期</td><td colspan="5">就職期</td><td colspan="5">30歳代前半（子育て世代）</td><td colspan="5">30歳代後半（子育て世代）</td></tr>
<tr><td>40</td><td>41</td><td>42</td><td>43</td><td>44</td><td>45</td><td>46</td><td>47</td><td>48</td><td>49</td><td>50</td><td>51</td><td>52</td><td>53</td><td>54</td><td>55</td><td>56</td><td>57</td><td>58</td><td>59</td></tr>
<tr><td colspan="20">生産年齢人口</td></tr>
<tr><td colspan="5">子育て世代</td><td colspan="10">中高年世代</td><td colspan="5">高年齢世代</td></tr>
<tr><td colspan="5">40歳代前半（子育て世代）</td><td colspan="5">40歳代後半</td><td colspan="10">50歳代</td></tr>
<tr><td>60</td><td>61</td><td>62</td><td>63</td><td>64</td><td>65</td><td>66</td><td>67</td><td>68</td><td>69</td><td>70</td><td>71</td><td>72</td><td>73</td><td>74</td><td>75</td><td>76</td><td>77</td><td>78</td><td>79</td></tr>
<tr><td colspan="5">生産年齢人口</td><td colspan="15">高齢人口</td></tr>
<tr><td colspan="5">高年齢世代</td><td colspan="15">高齢世代</td></tr>
<tr><td colspan="10">60歳代</td><td colspan="10">70歳代</td></tr>
</table>

上段：人口統計（3分類）、年齢／中段：法令概念などを使った細分類表記／下段：年齢5階層別表記

少子高齢化が進んでいることを示すだけならば、3分類でも十分です。しかし、15～64歳の分類が生産年齢人口1本というのはいかにも大ざっぱすぎます。もう少しきめ細かな分析が必要です。

その分析のために、国勢調査で公表されている5歳階級別の統計表を使います（図1）。これは、0～4歳、5～9歳というように人口を年齢別に集計したものです。人間の一生の出来事《イベント》にあてはめてみると、その意味が見えてきます。

5～9歳には小学校入学があります。

10～14歳には小学校卒業、中学校入学

があります。15～19歳は高校入学・卒業、大学入学、20～24歳には大学卒業から就職があります。乳幼児期を含めて、それぞれのイベントに合わせて、小学生期、中学生期、高校生期、大学生期と名づけることができます。

学校を卒業すると、多くの人にとって、就職、結婚・出産・子育て、定年退職、高齢化などのイベントが発生します。ただし、未成年時と違って、個人ごとに別々の人生になるので年齢はまちまちです。

中高年齢者の雇用を促進するための法律である「高年齢者等の雇用の安定等に関する法律」（略称：高年齢者雇用安定法）では、45歳以上55歳未満の「中高年齢者」と55歳以上の「高年齢者」に分類しています。65歳以上を「高齢者」と定義すれば、「高年齢者」は55～64歳となります。また、44歳以下に相当する呼称としては「子育て世代」という表現があります。世界保健機関（ＷＨＯ）の定義による合計特殊出生率は、15～49歳の女性が出産する子どもの数を指しています。日本の厚生労働省が発行する国民生活白書では20～49歳を子育て世代と定義しています。

以上を参考にして、私は、以下の通り各世代の意味を定義しています。

・0〜4歳：乳幼児期
・5〜9歳：小学生期
・10〜14歳：小学校高学年・中学生期
・15〜19歳：高校生・大学生期
・20〜24歳：大学生・就職期
・25〜29歳：就職期
・30歳代前半、後半、40歳代前半：子育て世代
・40歳代後半以降：年代表記

ある時点の年代別の人口数はピラミッド形で表されていることが多いので、ご覧になった方も多いでしょう。本書では、単に年代別人口数を求めるだけでなく、この後、人口移動の計算を行います。

†どんな地域にも特徴がある──「人の動き」を簡単に分析する方法

まず、5歳階級別人口データを5年間隔で用意します。国勢調査は5年ごとに実施され

ているので、そのまま持ってくればよいです。最新時点の統計は２０１０年で、市町村別の５歳階層別人口データは今年（２０１２年）５月に公表されたばかりです。その前は２００５年と２０００年の統計がすでに公表されています。すべてのデータが総務省統計局のホームページに表計算形式で掲載されているので、ダウンロードすれば誰でも簡単に使うことができます。

まず、調べたい地域の５歳階級別人口データをダウンロードしておきます。とりあえず、２０１０年と２００５年の二つが必要です。２００５年と２０１０年の現時点（２０１２年10月）の公表データの形式が違っていますので、ご注意下さい。

次に、これを差し引きします。２０１０年のある年代の人口から、２００５年の５歳下の年代の人口を差し引くのです。

たとえば、２０１０年の20〜24歳の人口が１００人で、２００５年の15〜19歳の人口が90人だとすると、２０１０年の20〜24歳の世代は5年前から差し引きプラス10人増加になります。「5年前の同じ年代」を引くのではなく、「5年前の5歳下の年代」の人口を差し引くことがポイントです。この計算によって、その年代の人たちが5年間で何人移動したかわかります。誰もその地域から出ていかず、誰もその地域に入ってこなければ、５年後の人数も変わらないはずです。10人増えているということは、地域から出ていった人と地域に入ってきた人の差し引きがプラス10人だったということになります。

ある学校のクラスのことを想像してみてください。5年の間には転校していく生徒、転校してくる生徒がいると思います。この何人転校したかの累積が、結果的な数字に反映されることになります。転校生が続出する地域はこの数値がマイナスになりますし、逆に転入生が多ければこの数値はプラスになります。

次に、横軸を年齢階級、縦軸を増減人数とし、何歳の年代が何人増減するかを折れ線グラフで表示します。まったく移動がなければ、ゼロの水平線になります。移動があれば、その年代だけプラスかマイナスになります。差し引き10人流入していれば10人プラスのグラフが表示されます。0～4歳世代は5年前には存在しないので、図に入りません。また、70才以降はなくなる方が多く（自然減傾向が大きく出る）地域の特徴が表れにくいので、同じく図に入れません。

図2は、5～9歳から65～69歳までの5歳階級別に書くことになります。このサンプルでは、15～19歳（高校生・大学生期）、20～24歳（大学生・就職期）が増加し、25～29歳（就職期）、30～39歳（子育て世代）が減少しています。また、5～9歳（小学生期）、10～14歳

図2　コーホート図のサンプル

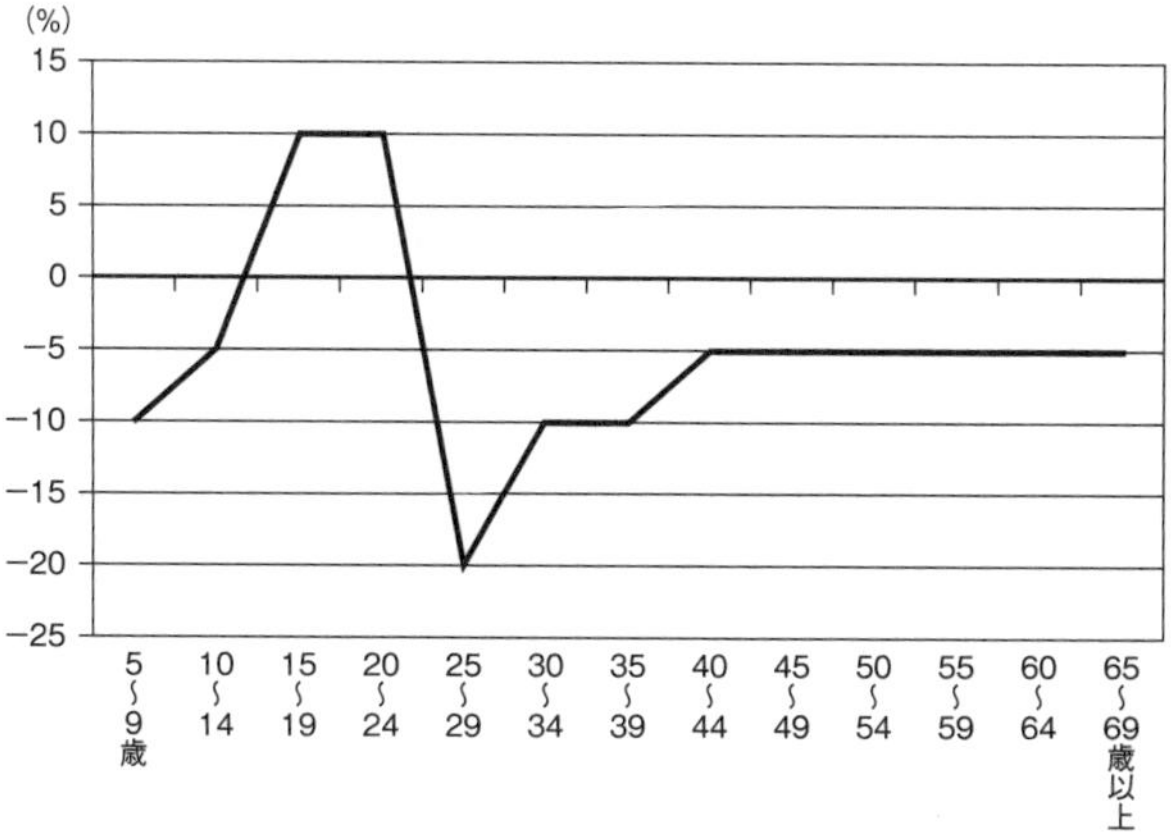

（小学校高学年・中学生期）も減少しています。

実際に描いてみると、それぞれの地域では折れ線グラフの形状はまちまちであることがわかります。あたかも健康診断結果や学校の成績が個人によって異なるように、いかなる地域にもその特徴があるのです。

このグラフを書くのは簡単です。大学では、学生相手にこの図を3分以内で書けるように指導しています。慣れれば10秒で書けるようになりますし、最終的には頭の中でイメージできるようになります。

†グラフを読みとる例――千葉県八千代市

図を正確に書くことができれば、書き終わった瞬間に分析をはじめることができます。

旅行に出かけるときやその地域で働いている方に会うときなどに、この分析を行っていけば、見たり聞いたりするポイントが違ってきます。学部生には、公務員志望者はもちろん、地域金融機関や放送局など地域の代表企業の志望者には、面接前に必ず分析するよう指導します。面接で面接官すら知らない話題で盛り上げて、見事に内定を勝ち取った学生も何人もいます。

図3　千葉県八千代市の位置

さて、私が今住んでいる千葉県八千代市のデータを使って、実際に分析してみましょう。

八千代市は、成田山で有名な成田市と東京方面を結ぶ成田街道（現国道296号線）の途中の内陸部にあり、東京からほぼ30キロメートルの距離にあります。東西南北は、それぞれ佐倉《さくら》市、船橋《ふなばし》市、千葉市、印西《いんざい》市に接しています。

図4は、1967年の市制施行以降の長期人口推移です。八千代市は、55年に住宅公団により日本初の大規模団地として八千代台団地が整備され、その後も大型団地が次々に建設されました。その後、67年に市制施行、68年に京成電鉄本線勝田台駅が開業し、さらに

図4　千葉県八千代市の長期人口推移

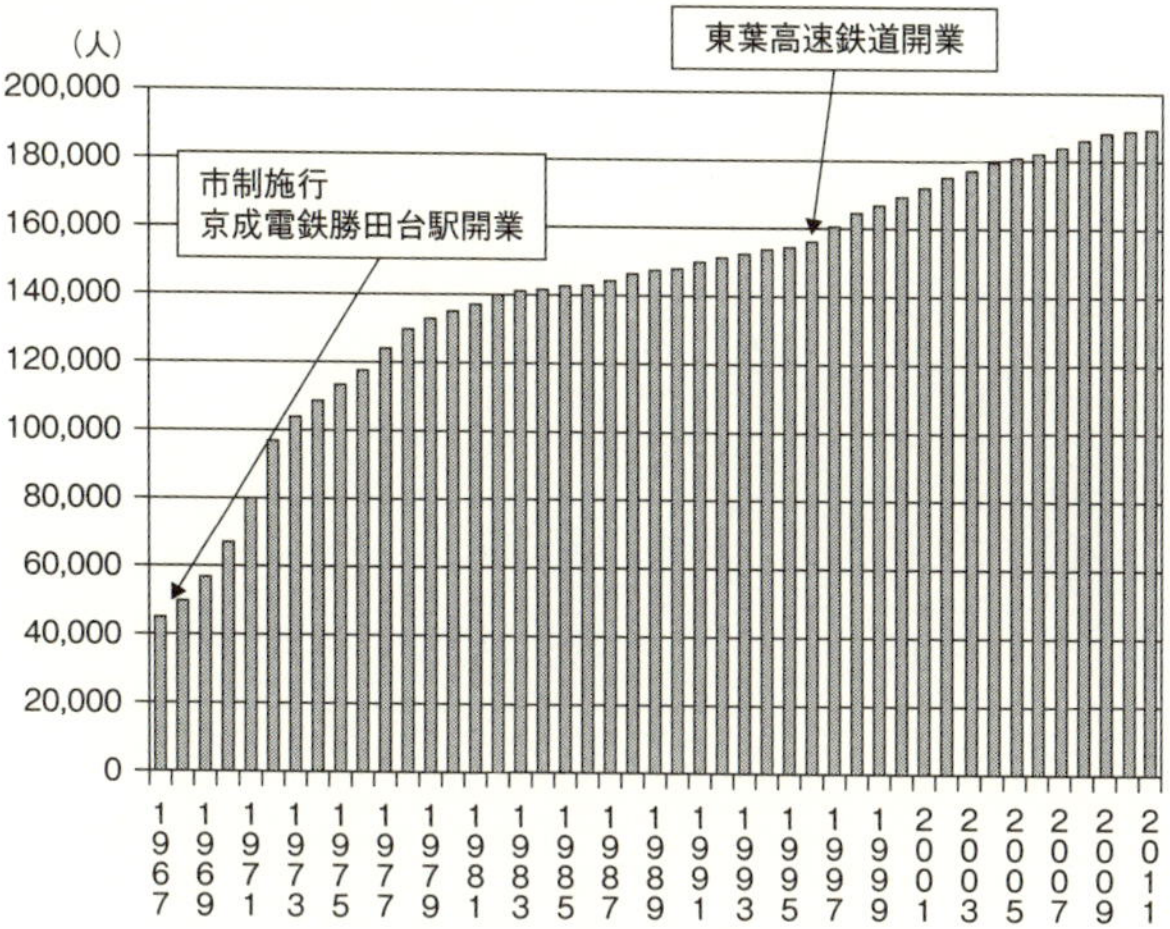

高度成長期を経て人口が急増しました。

位置的には東京都心から遠くありませんが、市内の交通は市南部から上野方面に入る京成電鉄本線が1本しかなく、東京や新宿方面の都心部には数回乗り換えて90分近い時間がかかるため、経済発展は、京成線沿線周辺の市南部のみにとどまっていました。

しかし、96年に東京都心に直接乗り入れている東京メトロ東西線が延伸され、市も出資する第三セクター（国や地方、公共団体［第一セクター］と民間事業者［第二セクター］との共同出資で設立された法人）である東葉《とうよう》高速鉄道と相互乗り入れしたことから、都心までの時間距離が

40分程度に大幅に短縮されました。これを機に、北部で開発が進み、ふたたび人口が増加するようになりました。図4を見ても、70年代の高度成長期、96年以降の東葉高速鉄道開通以降の人口増加の傾向が明らかに読みとれると思います。

この市のコーホート図が図5です。

ここでは2005年と10年の国勢調査の数字を使います。これを見ると、5〜9歳から40歳代に至るまで各世代にわたって人口が増加していることがわかります。特に、20〜24歳の大学生・就職期から25〜29歳から40歳代の子育て世代の人口増加が大きくなっています。また、5〜9歳の小学生期、10〜14歳の小学校高学年・中学生期、15〜19歳の高校生・大学生期が増加しています。

なぜ、子育て世代が流入してきたのでしょうか。それは、東葉高速鉄道沿線の宅地が開発されたからです。東京都心までドアツードアで1時間以内にありながら、不動産価格が安い地域として人気です。私の自宅の近くでも農地や工場跡地が開発されて次々に戸建て住宅が建設されていますが、どんどん売れていきます。全国の自治体が必死になって確保しようとしている子育て世代の流入に成功している点は、他地域から見ればうらやましいことだと思います。

図5　八千代市のコーホート図（2005～10）

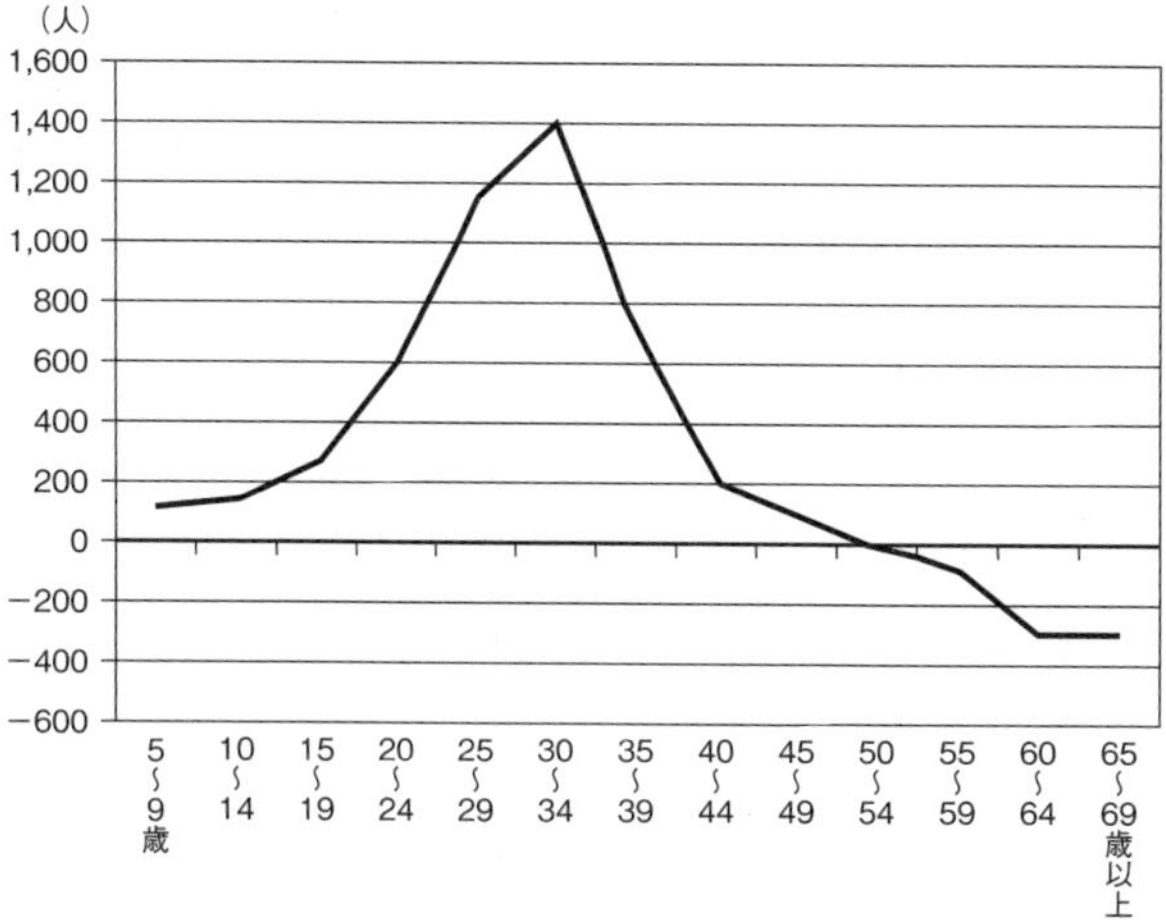

†さらに深く調べる

実は、あまり地域の事情を知らない段階でこの図を見ても、こうした特徴を見抜くことは難しくありません。

20代未満の人口移動には保護者としての親と一緒か了解が必要です。50代を超えると、今度は要介護者としての親への配慮が必要でしょう。したがって、まず、自分の意志で地域を選択できる20歳代～40歳代の動きを見るところからはじめます。そうすると、八千代市では、この世代が大きく増加していることがわかります。

この世代の世帯主は何らかの職業に

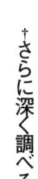

就いていることが普通です。市内に大きな工場が立地していてそこで働いているか、近郊の大都市へ通勤しているかのいずれかだと推測できます。世代別人口増減図でわかるのはここまでです。でも大きなヒントが得られました。

しかし、研究者であればもう少し先まで調べなくてはなりません。そのためにはいろいろな方法がありますが、ここで一つの方法をお示ししましょう。

国勢調査の従業地・通学地を使います。従業地・通学地とは、ある地域に住んでいる人がどこに通勤・通学しているか、どの地域から通勤・通学してきているかのデータを集めたものです。市内で働いているのか、東京まで通勤・通学しているのかを数字で明らかにすることができます。

図6をご覧ください。これによると、八千代市に住んで通勤・通学している人は9万5182人いますが、そのうち八千代市内での通勤・通学者は35％の3万3748人にとどまり、残りの5万9734人は市外に通勤・通学していることがわかります。市内での通勤・通学者の比率は、全国的な水準よりも低く、「市内の工場で働いている人が多い」という仮説は正しくないことがわかりました。

図６　八千代市の従業・通学状況

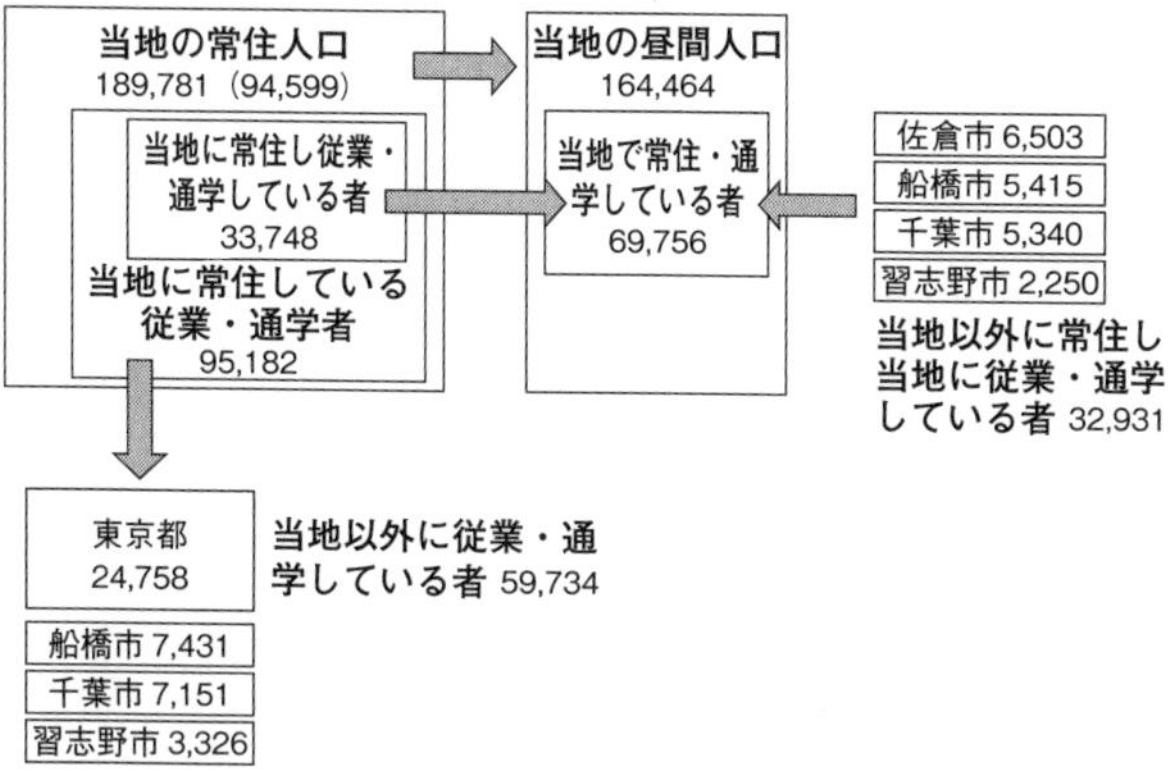

一方、市外に移動している63％の人の通勤・通学先として、東京都は２万４７５８人であることがわかります。近隣の船橋市、千葉市がいずれも７０００人台であることを考えれば、いかに多くの人が東京に通勤・通学しているかわかると思います。

逆に、市外に住んで八千代市内に通勤・通学している人は３万２９３１人であり、市外への流出人数の55％にとどまっています。八千代市の昼間人口は16万４４６４人であり、常住人口に対する比率、いわゆる昼夜間人口比率は87％です。典型的なベッドタウンです。「東京への通勤が多い」という仮説はこうして検証されたことになります。

こうして統計を使って数字で表してみると、

いろいろなことがわかりますね。

以下の章では、こうした方法を使って、11の地域の物語をつづっていこうと思います。

第 2 章

「豊かな地域」はどこがちがうのか

――図で読む11の町の物語

ケース① **忘れられた資源を発掘した町** 三重県津市白山町【資源発掘】

三重県の白山《はくさん》町は、三重県一志《いちし》郡にあった町です。「あった」と過去形を使ったのは、2006年1月の平成の大合併で、旧・津《つ》市をはじめとする10市町村で合併して新しい津市となり、白山町が廃止されたからです。現在は津市白山町と呼ばれています。

市町村合併で弱まる地域

旧白山町は、西部と南部を中心に山地・丘陵が広がり、約70%を山林が占める山の町です。主な産業は農林業のほか、温泉(榊原《さかきばら》温泉)、ゴルフ場などがあります。

新生津市への市町村合併は、町の経済基盤を強くし、地域として持続可能にするためのきっかけでした。しかし、独立した町から大きな市の一部になることによって、白山町役場は支所となり、人員は減り、従来役場の職員が担っていた地域の将来を考え活動をする機能が弱まっていました。

当時、大学院の修了生に津市の職員がいたことから東洋大学の研究チームとして訪れました。

町では、1980年代の「ふるさと創生資金」により、温泉（猪の倉温泉）が掘削されていました。全国の自治体に一律1億円が地方交付税として支給されたバブル期の象徴のような政策です。本書に登場する他の地域でも、夕張市の国際ファンタスティック映画祭、木《き》更津《さらづ》市のきみさらずタワーなどに使われました。

掘り当てられた温泉を使って県と町が温泉施設を建設しました。すべすべする独特の泉質は話題を呼び、当初はたいへんにぎわっていました。しかし、お役所仕事の問題点が徐々に表れ、掃除が行き届かず、売店も夕方には閉まってしまうなどの状態になって、客足が遠のき毎年赤字を出す状態だったそうです。県と町は、市町村合併をきっかけに温泉施設を民営化することにしました。

図7　三重県津市白山町の位置図

公設公営の温泉施設を、「指定管理者制度」を用いて公設民営にする例は少なくあ

りません。指定管理者制度は、施設を自治体が所有したまま、管理運営の仕事を民間企業に委託する制度として、２００３年度から導入されました。民間の運営能力が発揮されることで、自治体の支出を大幅に削減することができます。場合によってはゼロにすることもできます。この制度を使って、成功した施設は数多くあります。

しかし、指定管理者制度では、施設を所有していることによって発生する責任が、自治体に残っています。すなわち施設の大規模改修や、老朽化した後の更新投資は自治体が行わなければなりません。また、施設で事故が起きれば、所有者としての責任は免れません。こうしたことから、自治体がこと細かく関与しがちです。しかし、いろいろ関与すると、行政に余計な費用がかかるとともに、民間が自由に運営しにくくなってしまいます。

これに対して、民営化すれば、自治体はやっかいな責任から解放されるとともに、民間は自治体の関与から離れて自由に経営することができるようになります。もちろん、民間としての責任は大きくなります。ただし、自分でもできると考える民間企業が実際にいれば、民営化することは可能です。

猪の倉温泉の経営を引き受けたのは、白山電器という電気機械部品の製造業者です。温泉とは、まったく関係ありません。経営の多角化とも思えますが、地元の衰退を防ぎたい志ある経営者が一肌脱いだというのが真相です。

買収するにあたっては、当然厳しい経営判断が必要でした。場所は近鉄榊原温泉口駅から車で数分の距離で、町中とは言えないものの秘境でもありません。住宅も多く、住民の多くは津市の中心地に通う通勤族で、地区内にも工場や老人ホームなど雇用機会は少なくありません。地区内の公立高校の卒業生の多くは地区内に残り、ある者は家業の農林業を継ぎ、あるものは工場に勤めるという人口移動の少ない地域です。

白山電器の岡田社長は、温泉施設の集客の基盤となる市場が存在していることと、赤字の原因は官業ゆえの非効率性にあることをたちどころに見抜き、民営化によって採算を確保することが十分にできるだろうと考えました。実際に、買い取ったその年に黒字になったそうです。人事管理や営業戦略を含めて、民間としての経営を徹底しました。トヨタをはじめとする東海地区の厳しい製造業経営に慣れていた岡田社長にとっては、官営温泉を黒字にすることはさほど難しいテーマではなかったようです。

†民間施設は地域コミュニティの再生に役立つか

私たちが研究のために訪問したのは、温泉経営にめどがついたこの時点でした。津市出身の大学院生が話をつないでくれました。民営化温泉が事業として成功しているというだけでも立派な研究テーマですが、さらに民間施設が地域コミュニティの核として再生に役立つかどうかを研究することが目的でした。

私は、大学院生と地元の関係者による研究会の席で、全国の地域再生や公民連携の事例を講演することになりました。地域で講演する際は、その地域のことをあらかじめ調べていきます。そして、地域の人がたぶん気づいていないであろうことに光を当てるようにします。仮に気づいていたとしても、地域外の人から指摘されると、あらためてその意味を考える良い機会になるからです。

この日、私はある秘策を持っていました。そこで使ったのが、第1章で説明したコーホート図です。

図8をご覧下さい。これは、三重県旧白山町の2000年と05年の5歳年齢別の人口を差し引いたものです。同じ年同士ではなく5歳下の年齢の人口を差し引くことで、その年代の人の移動だけを抽出することができます。

15～19歳の高校生・大学生期で一気に増え、20～24歳の大学生・就職期に同じ規模の人数が減り、その後はほとんど変わらないという、驚くほどシンプルな形になっていること

図８　三重県津市白山町のコーホート図（2000～05）

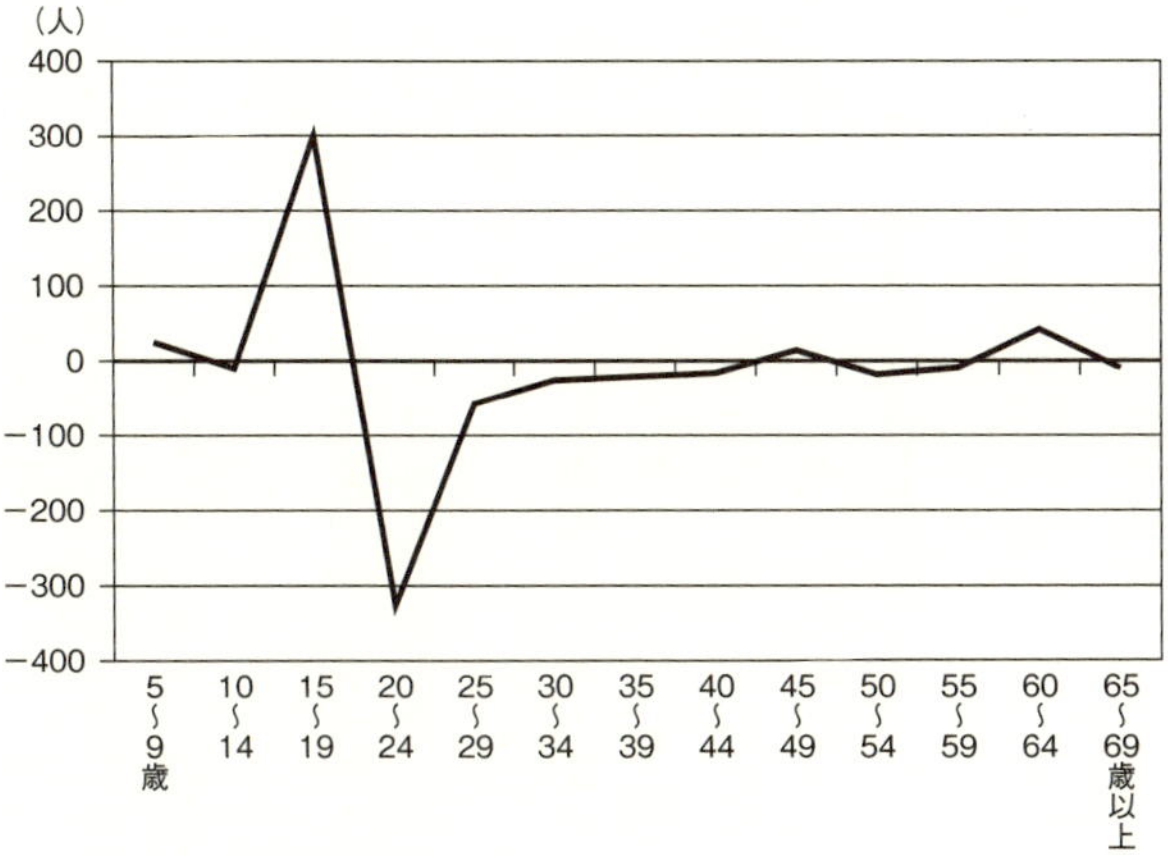

がわかります。

前章の千葉県八千代市の図と比べてもずいぶんと違います。

実は、15～19歳期に一気に増え、20～24歳に同じ規模で減るという形はめったに生じません。私はあらかじめ答えを調べたうえで、講演の席に臨みました。白山町に足を踏み入れるのはそのときがはじめてでした。また、踏み入れたといっても、会議が開催された温泉施設以外は、車で通りすぎただけ、いわば通りすがりの通行人にすぎませんでした。

その通りすがりの通行人がこの図を提示しました。

「なぜこのような図が書けるのでしょう

か。これはみなさんの地域です。このグラフは非常に珍しいある特徴を示唆しています。みなさんにとって大きな財産になる可能性があります。さあ、何でしょう」と。

問題を出したあと、数十秒間の沈黙が流れました。講演の中で他の地域の事例をもとに十分に説明していたので、グラフの意味は納得してくれていました。そのうえで、自分の地域のグラフを見ても、その意味を答えられないというのは不思議かもしれません。しかし、これは珍しいことではありません。どの地域の人も、自分の地域のことはあまり知らないものだからです。

数十秒の間、ざわめきも目配せもありませんでした。

私は、こう申し上げました。「こういう形になるのは一つの状況しかありません。ヒントは高校です」と。地元には、県立白山高校があります。しかし、地元の中学の卒業生が入学し、多くは卒業後も地元に残っています。つまり、白山高校に関連して人口は移動していないので、グラフには影響を与えないはずです。

†ユニークな人材という宝の山

ここまでのヒントで、ある人がおもむろに口火を切りました。

「日生か」と。

そう正解です。白山町には日生学園（正確には日生学園第二高等学校）という全寮制の高校があるのです。この学校は、ほぼすべての生徒が地域外から入学していました。そして、3年後にほぼすべての生徒が地域外に旅立っていました。だから、このような上下動が起きるのです。

もちろん、その場にいた地域の人すべてがこの高校の存在は知っていました。でも、こうした特徴的な動きの原因になるほど重大なものだとは思ってもいなかったようです。

この学校を有名にしたのは、お笑い芸人の浜田雅功さん（ダウンタウンの浜ちゃん）です。以前、浜ちゃんがテレビ番組で話していたことによると、「関西のヤンキーがぎょうさんおって、これをスパルタでしつけよる。生活はほんとにきつかった。とても耐えられへんと思って何度も脱走しようとした。学校は人里離れた山の上にあるので、脱走するには市街地まで山をかけおりないといかん。でも必ず車で追いかけてくるんよね。見つからないように橋にぶらさがったこともある。何とか逃げ出したときに、かくまってくれたのが松本君（ダウンタウンの松本人志氏）や」と。

どこまで本当でどこからネタなのかはわかりませんが、少なくとも、あの浜ちゃんが3

年間在籍し卒業したことは確かなようです。

地域の人たちは、地域の中で唯一特徴的な人口移動の原因を起こしているのが、あの日生学園であることにそのときまで気づいていませんでした。3年間山の上の寮ですごし、3年後に出ていく。学校も寮も山の上にあるため、地域との接点は皆無です。ですから、誰も日生学園のことを思い出さなかったのです。

でも、考えてみましょう。あの浜田雅功が3年間いたのです。よほどの転勤族か風来坊でもない限り、生まれた町以外で一つの町に3年間以上住むことは、そうはないでしょう。浜ちゃんがいたのであれば、他にもユニークな人材がいたに違いありません。

こうしたユニークな人材は、地域にとっては貴重な資源です。何もしなければ、ただの通りすがりですが、毎年1人でも2人でも地域に残ってくれれば、いずれは地域の力強い核になってくれるかもしれません。その眠れる宝の山に、地域の人たちが気づいた瞬間だったのです。

日生学園第二高校に関して正確に記します。スパルタ教育の方針は開設当初のことであり、今は部活や進学にも熱心な学校に変貌を遂げています。甲子園出場経験を持つ野球部や、全国大会常連の卓球部など体育会系の他、合唱、演劇、放送、ダンス部などの文化系も全国レベルの活躍をしています。さらに特進コースでは、同志社、立命館など有名大学への進学も増え、新たな校風が根づいてきました。

全寮制と礼儀は今も健在です。縁あって見ず知らずの土地に来た子どもたちが、能力と人格の訓練を積んでいるのです。良いきっかけを与えてあげれば、必ず地域の役に立ってくれるでしょう。

地域に残るも良し、地域から出ていずれ戻ってきてくれるのも良し、どこかに住んでいても10年に1回でも良いので観光でたずねるのも、ふるさと納税してくれても良いでしょう。万一、地震が起きた際に、義捐金や救援物資、ボランティアで支援してもらうのもあります。貢献の仕方は山ほどあります。その可能性のある貴重な人材が目の前にいるのです。

†人口増減からわかる全寮制高校の影響

図9は、世代別人口増減を少し変わった観点から書いた図です。

これは、当時15～24歳の年齢の住民の数が、7年前から1年ごとにどう変化してきたかを表しています。地区全体を学校のクラスだと考えて、同級生の数を示したものだと考え

図9　津市白山町の15～24歳世代の年別人口推移（2002～10）

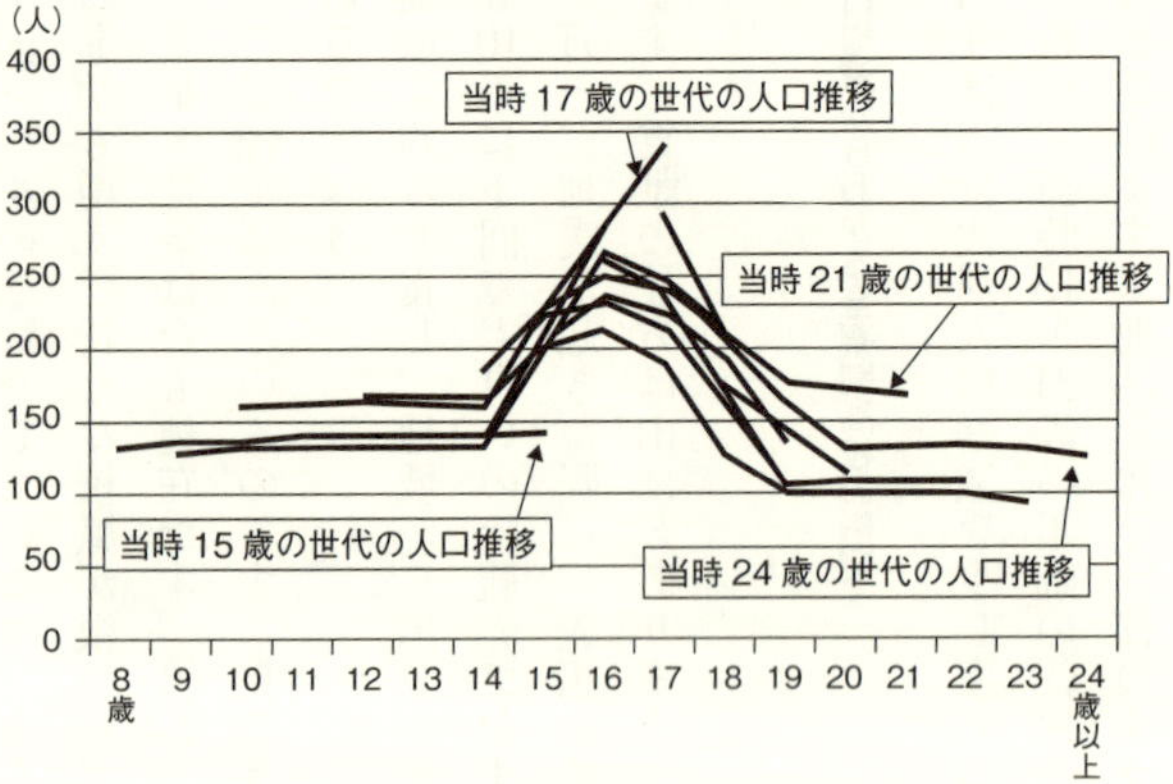

図10　津市白山町の55～64歳世代の年別人口推移（2002～10）

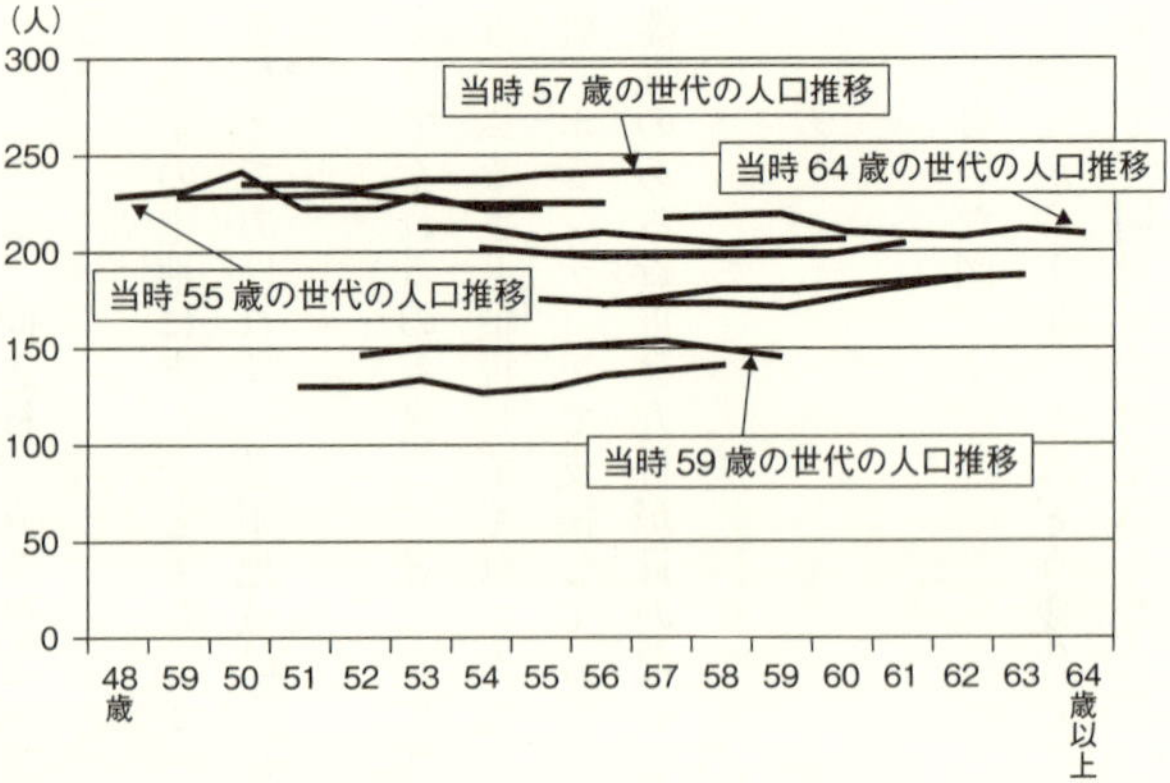

ればわかりやすいと思います。

この図を見ると、当時15歳の世代の人数は150人弱ですが7年前の8歳の頃からほとんど変わっていないことがわかります。多少の増減はありますが、ほとんど動いていないということは、誰も転校していない世代だということになります。

ところが、9歳や10歳からスタートする世代は、16歳、17歳になった年は100人ぐらい増えた状態になります。高校に入る時期に合わせて100人増えたということですから、他の地域から市内の高校に入学してきたということになります。11歳や12歳からはじまっているその後の学年も、15〜18歳になると急に増え、19歳以降はほぼ同じだけ減っていることがわかります。さらに、18、19歳からはじまる世代ではほとんど増減がないこともわかります。高校に入学した人たちが卒業後地域外に流出していると推測されます。

図10は、当時55〜64歳世代の住民の年別人口を過去7年間比べたものです。図9と違ってまったく起伏がないことがわかります。55〜64歳の方は死亡を含めてもほとんど増減していません。ここでは、55〜64歳だけ載せましたが、25〜54歳のすべての年代でも同じようにほとんど増減がありません。

これによって、日生学園が、旧白山町の人口にいかに大きな影響を与えていたかがわか

図11　猪の倉温泉での日生学園清掃ボランティア活動
（出典：猪の倉温泉ホームページ）

りました。それどころか、日生学園への入学と卒業だけが旧白山町の人口の変動要因になっていると言っても過言ではないのです。

ところで、図9、10を書くには、毎年の1歳きざみの年齢別人口数が必要になります。このデータがないと分析することはできません。ただし、住民基本台帳はありますので、自治体に提供してもらえば可能です。ある年代（1年きざみ）を毎年追っかけていくので、結構時間がかかります。でも、作ってみるといろいろなことがわかります。

学校と地域の交流が育むもの

さて、全寮制の高校は全国各地にありますが、これほどくっきりと特徴の出る例は他に見たことがありません。

その後、地域の人たちは、早速、日生学園第二高校との接触をはじめました。実は、学園にも地域との交流を希望していた先生方がいたのだそうです。先生の指導で、多くの学生が猪の倉温泉を訪れ、清掃活動などに携わっています。こうした日々の積み重ねによって、コミュニティと学園の距離が縮まって、次のアクションにつながっていくのだと思います。

図12　猪の倉温泉
（出典：猪の倉温泉ホームページ）

もちろん、研究の本来の目的である猪の倉温泉でも、コミュニティの核になるためにさまざまな取り組みをはじめました。施設内では、行政やコミュニティの情報を展示したり、役場関連のイベントも行われています。役場はなくなっても、温泉がにぎわいの場所として機能しています。

民間温泉が、にぎわいの場であることを活用して役場と公民館を運営しているのと同じことになります。私の専門である公民連携では、民間が主体となって公共的な機能を果たすことを「新しい公共」と呼んでいます。民営化温泉が地域の公民館機能を果たしているこの例は、まさに「新しい公共」と言えると思います。

温泉にはブルーベリー農園やグラウンドゴルフ場が併設され、近隣の山道をポールを使って歩くノルディック・ウォーキングを楽しむこともできます。こうして人が集まれば集まるほど、地域のにぎわいの拠点としての機能も発揮しやすくなります。

津市の白山町と猪の倉温泉。ぜひ注目していただきたい地域であり施設です。

白山での活動は、人口増減分析が地域に光をあてるために、本当に有効な方法であることを気づかせてくれました。そして、それまで接点のあったいろいろな地域についても分析してみようと思い立ちました。

ケース② 衰退する駅前と伸びる郊外の町 千葉県木更津市【地域内競争】

千葉県木更津市は、房総半島の中央部東京湾岸に面した商業都市です。長らく房総半島の商業の中心地として栄えていましたが、1960年代、お隣の君津《きみづ》市に八幡製鐵《やはたせいてつ》（現新日本製鐵）君津製鐵所が開設されると、その発展に拍車がかかりました。最新鋭高炉と製鋼工場を持つ巨大な製鉄所の誕生は、巨大な雇用を生みだし、それを背景にエネルギーを供給する東京電力の発電所や、そうしたエネルギーを用いた石油化学コンビナートが形成されていきました。

その結果、市原《いちはら》、袖ヶ浦《そでがうら》、君津、富津《ふっつ》とともに、巨大な工場群が形成されました。木更津は、これらの工場に勤務する従業員の憩いの場であり、住民の購買力の吸収の場でもありました。

図13　千葉県木更津市の位置

†変化する消費の場――百貨店からスーパー、コンビニへ

特にバブル期は、各工場が操業を競い、町はにぎわいました。新しい町の顔を作るべく木更津駅西口市街地再開発事業が実施され、88年に大きな再開発ビルディング「ショッピングセンター　アインス」が竣工しました。そしてキーテナントとして百貨店・木更津そごうが入居しました。

バブル経済の時代には、百貨店は消費者の旺盛な消費意欲に支えられて、全国で売上を伸ばしました。各百貨店が、大都市圏の中心や各地の政令指定都市に出店しました。そうしたなかで、そごうは土地の値上がりも期待して地方都市にも積極的に展開しました。南房総唯一の百貨店として華々しくデビューした木更津そごうは、そうした全国展開の象徴でもありました。時代はバブル絶頂期でした。

しかし、その夢はすぐについえます。91年にバブルが崩壊し、消費者の購買意欲が大きく落ち込んだためです。高価な商品を購入するという百貨店のビジネスモデル自体が過去

図14　小売店業態別売上高推移

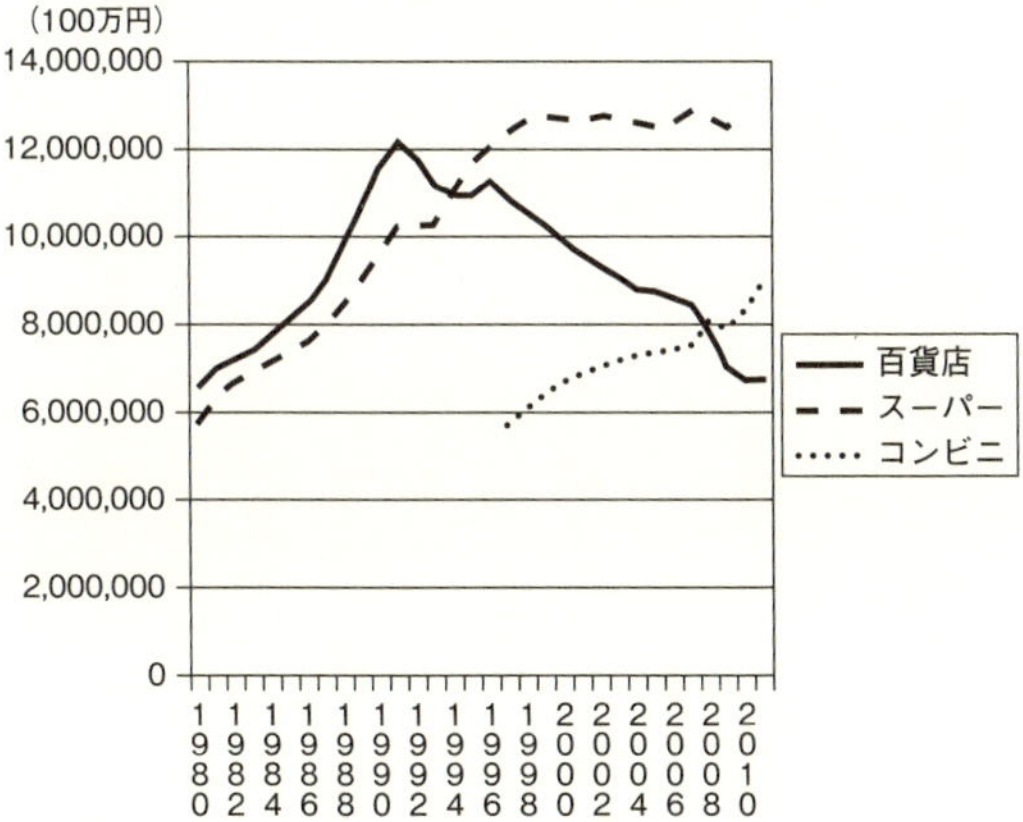

のものになり、消費の場は、百貨店から安価なショッピングセンターに変化していきました。

この動きをデータで見てみましょう。小売店の売上高の推移を見るには、経済産業省が行っている「商業動態統計調査」の大規模小売店業態別推移という名前の統計が使えます。

これは、百貨店とスーパーという大規模小売店の二つの業態それぞれの売上高を掲載したものです。これとは別にコンビニエンスストアの売上高の統計もありますので、三つの小売業態を比べることができます。その結果が図14になります。

80年代、百貨店もスーパーも両方とも右肩上がりを描いています。バブル経済は、「高価な商品を有名百貨店で購入する」という買い物スタイルを作ったことは先ほど書きましたが、同時にスーパーも売上を大きく伸ばしていたのです。1991年度、百貨店はバブルのまっただなか、小売業の王様として史上最高の売上を上げますが、翌92年度、バブルの崩壊とともに売上高は減少をはじめます。価格が高いからこそ意味のあった百貨店が、価格が高いという理由で敬遠されるようになります。

一方、スーパーは、バブル期には百貨店を補うような立場でしたが、バブル崩壊後は百貨店のように売上を減らすことなく、百貨店の需要まで吸収して伸びていきます。そして、94年度には百貨店を抜いて小売業界の主役の座を奪いました。

百貨店はその後も減少を続け、2008年度にはコンビニにも抜かれました。コンビニの伸びはスーパーをはるかにしのぎ、コンビニの統計が発表されはじめた1994年度を100とすると、2011年度はスーパーが106であるのに対して、コンビニは155に上っています。

†百貨店の破綻、衰退する駅前

木更津そごうも、こうした歴史の流れにさからうことはできませんでした。最盛期の91

年には189億円の売上を記録しましたが、バブル崩壊とともに売上は低下し、99年には半分以下の91億円に減少しました。赤字続きの経営はできません。ついに、2000年、自己破産の申請を行って閉店してしまいました。再開発ビルを所有運営していた、木更津市も出資した第三セクター木更津都市開発株式会社は、キーテナントからの収入を失ってしまい、連鎖倒産しました。

倒産したのは木更津そごうだけではありませんでした。消費者の百貨店離れだけでなく、土地の値上がりを見込んで全国で土地買収を行っていたそごう本体が、バブル崩壊後の土地価格の低下のあおりを食い、2000年に小売業としては日本最大の負債を抱えて民事再生法の適用を申請しました。木更津そごうは、そごうとは別の会社で運営されていましたが、もし、そごう本体が元気ならば営業を続けて再建を目指したかもしれません。しかし、そのそごう本体も破綻したため、再建を断念せざるを得なくなったのです。

03年には、もともと再開発を主導していた木更津市がビルを購入し、商業コンサルティングの日本総合企画株式会社に管理運営を委託しました。

日本総合企画は、04年に、新たなキーテナントとして激安スーパー、そのほかに会員制複合レジャー施設や100円ショップを入れて施設をリニューアルオープンしました。百貨店が激安スーパーに変わるという大きな転換を打ち出したのです。しかし、そごうが使っていたすべてのスペースを埋められるわけはなく、フロアによってはまったく使われず、くしの歯が抜けたような閑散とした状態でした。

†流出する若者と流入する子育て世代

駅前ビルがこのような寂しい状況になると、周辺の商店街にも良い影響は与えません。古くから南房総の商業や金融を支えていた木更津駅前は見る影もなく衰退し、全国の中心市街地衰退の代表事例という不名誉な評価もくだされてしまいました。

東洋大学は、この段階で市からアドバイスを求められました。２００８年のことです。木更津市は、全国に先駆けて公民連携に強い関心を持ち、ＰＰＰ（パブリック・プライベート・パートナーシップ）基本方針を制定していました。その趣旨に沿いＰＰＰを円滑に進めるための方策のアイデアを出すのが、その目的でした。私たちは、民間から見てどこに魅力があるかを調べます。そのために、コーホート図を描きました。00年と05年の国勢調査の比較です。こうして、10人ぐらいのチームで訪問しました。

図15　木更津市のコーホート図（2000〜05）

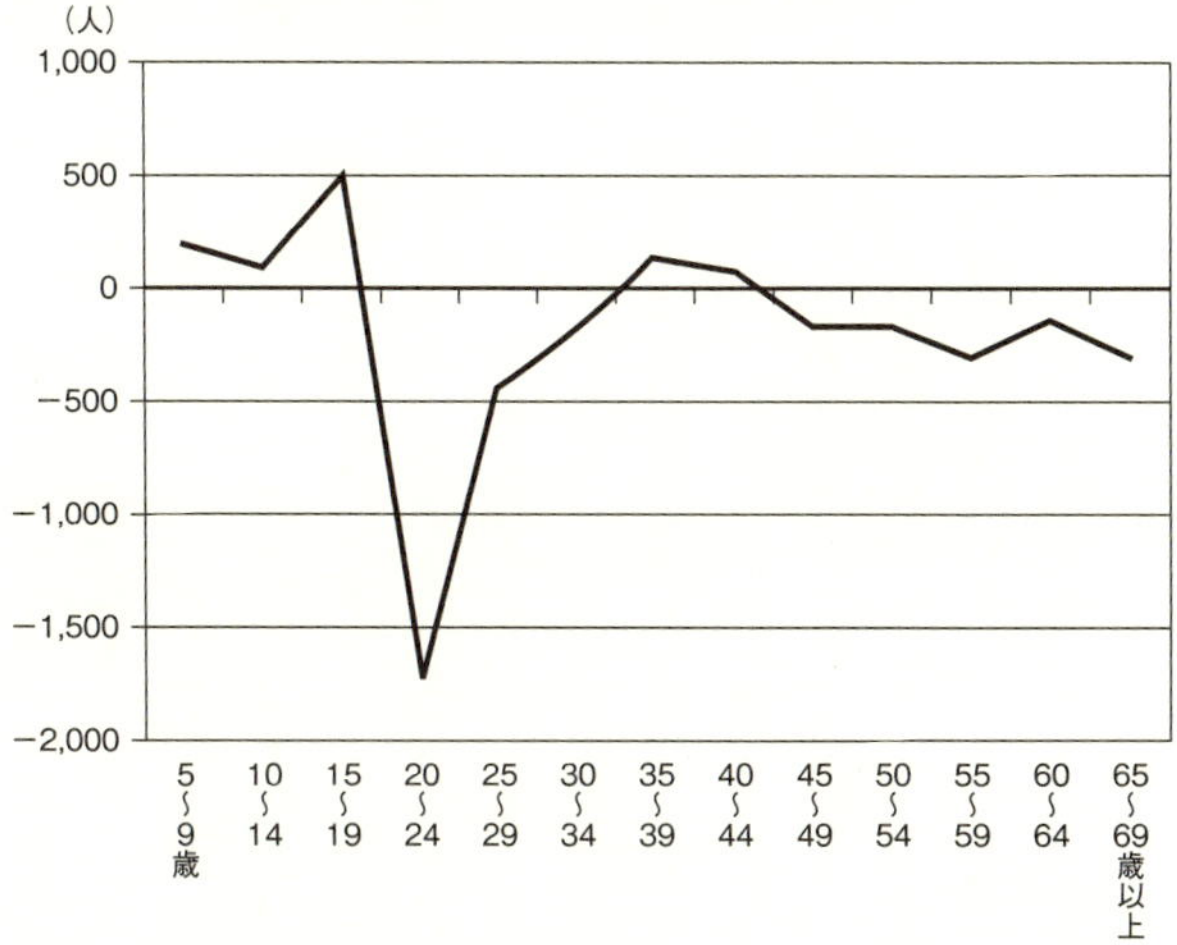

図15を見ると以下のことがわかります。

・5〜9歳、10〜14歳は小幅の増加
・15〜19歳で増加
・20〜24歳で大幅に減少
・25〜29歳、30〜34歳でも減少は続くが、減少幅は縮小
・35〜39歳、40〜44歳で若干増加

まず、「15〜19歳で増加、20〜24歳で減少」というところに注目しました。ケース①で触れた通り、これは全寮制の高校のパターンです。

調べてみると、木更津市には強力な寮を持つ高校があることがわかりました。

暁星国際高校と拓大紅陵高校です。暁星国際高校は設立当初、帰国子女専門の高校として注目されました。今は、通学生もいるそうですが、すべて英語で教育するインターナショナルコースも開設したユニークな学校です。拓大紅陵高校は市内中心部からも一望できる小高い丘の上に立つ甲子園常連の硬式野球部が有名な高校です。

二つの高校の1年の定員を調べると、ちょうどグラフが示す変動に当てはまるくらいの水準であることがわかりました。これは貴重な資源です。

しかし、この二つの高校でせっかく多くの人材を集めていても、「20～24歳で大幅に減少」しています。一つには大学や専門学校などの高等教育機関が少ないことが挙げられます。市内の大学は定員が少なく、高校卒業生を吸収するには不十分です。雇用の場の少なさも気になります。周辺には新日鐵を含めて大きな工場が多数ありますが、逆に言うと、工場以外の雇用の場はあまりないと言えます。

こうして、大学進学や就職を機会に、千葉市や東京、神奈川に出ていくことになります。東京までは内房線で約1時間半。ドアツードアで優に2時間を超える距離は、かなりしんどい通勤・通学です。その結果、20～24歳の節目に大量に町を出ていくということになります。

同時に私たちは、30代以降の動きにも注目しました。30～34歳では減少幅は大きく縮小し、35～39歳ではほんのわずかですがプラスになっています。また、5～9歳、10～14歳がプラスになっていました。この世代は親と一緒にしか移動できません。子育て世代の流入によって子どもたちが増えているという兆しを感じました。

†木更津市はなぜプラスの人口循環になったのか

市を訪れた際には、駅前だけでなく郊外も視察しました。そこでは、各地で新しい宅地開発が進められ、広々とした敷地にゆったりとした住宅が建てられていました。豊かな自然環境で子育てをしたいファミリー向けの住宅だと感じました。

図16は、住民基本台帳のデータを使って、2006～2008年のコーホート図を書いたものです。書き方は同じです。それぞれの年の5年前の5歳下の人口を差し引きます。このプラス／マイナスがその5年間の人口移動を表します。普通、住民基本台帳では年齢別データを公表していませんが、自治体によっては公表しているところもあります。幸いにして千葉県は県のホームページで市町村別のすべてのデータを公表しています。おそらく、住宅や商業デベロッパーも同じようにこのデータを使って市場分析をしていると思い

図16　木更津市のコーホート図

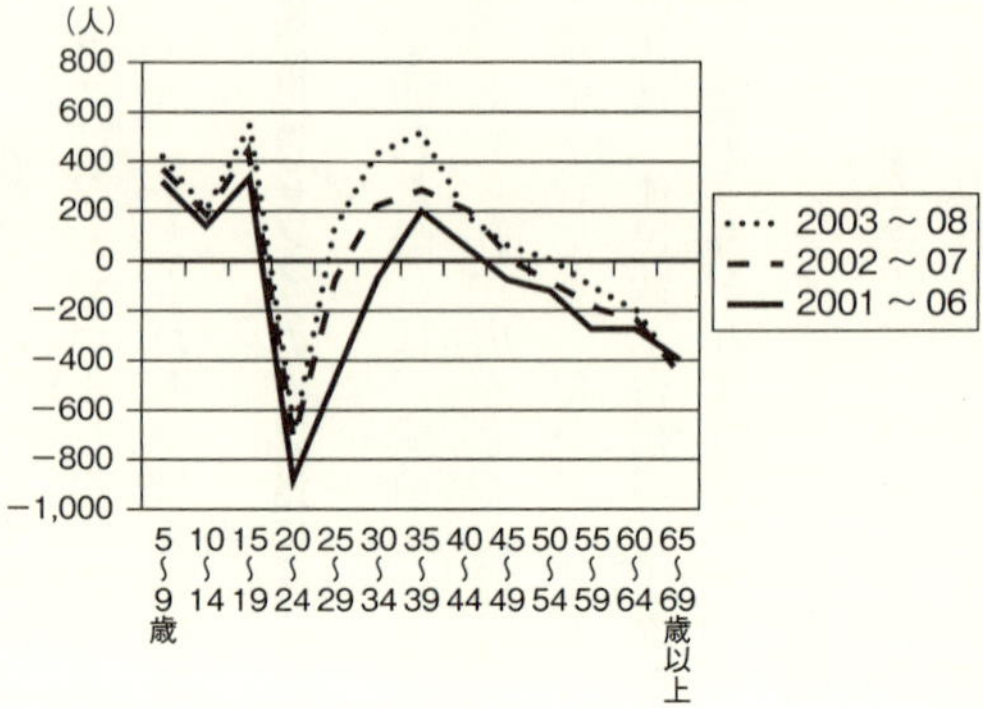

ます。できるだけ多くのデータを公表することは、民間が正確な判断を下すための情報を提供するということであり、それだけ民間が活発なビジネスをしてくれるということでもあります。

　この図を見ると驚くべきことがわかります。コーホート図の波が年々上昇しているということです。普通、コーホート図はその地域の構造を表しているものなので、大きく形は変わりません。全寮制の高校があれば、15〜19歳に増えてその後減ります。異なる期間を選んでも同じ結論になります。この特徴を生かして、図形から都市の名前を言い当てるということもできてしまいます。

　しかし、木更津では、年々確実に上に動いていました。大量に流出していた20〜24歳の減少幅が縮まり、30歳以降の子育て世代がプラスになりま

図17　木更津市の人口と歴史

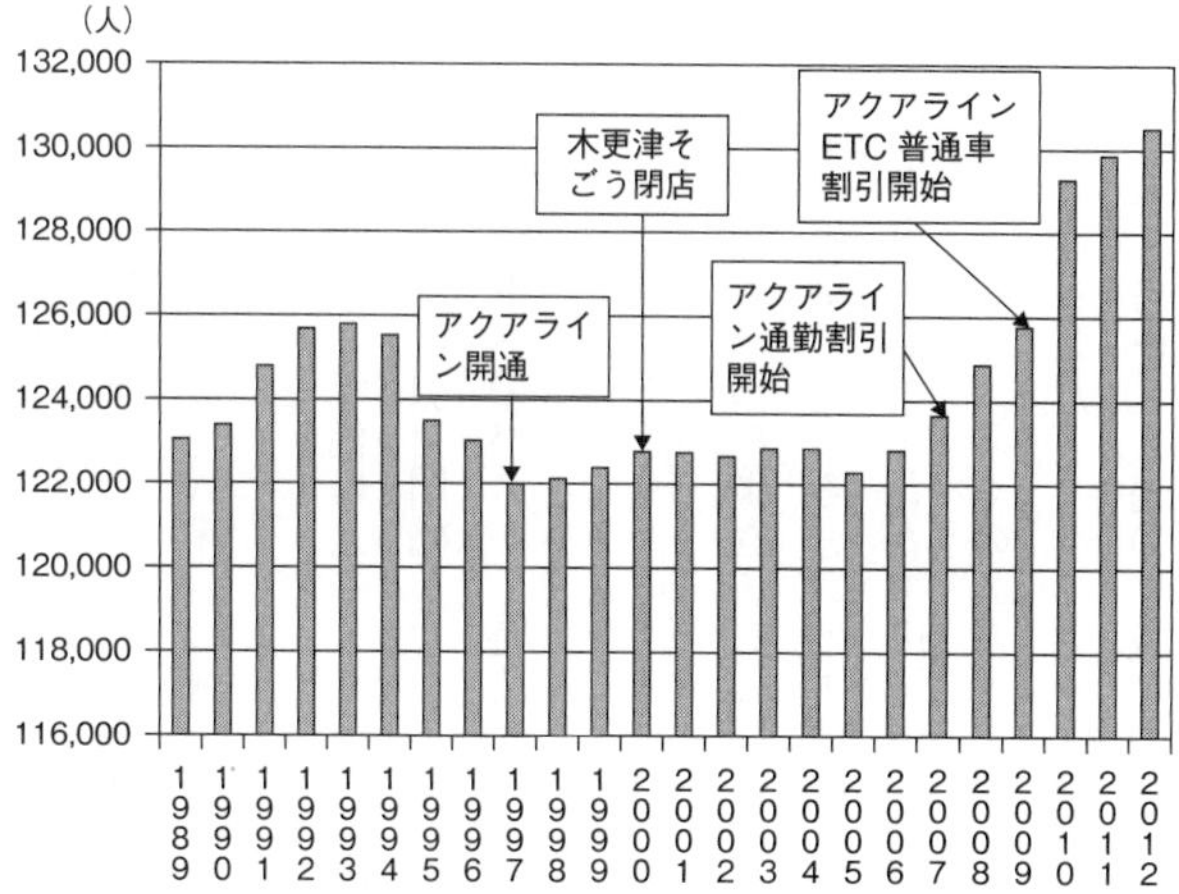

した。それどころか25～29歳の就職期の世代もプラスになりました。大学卒業後すぐに木更津に住むという人たちが増えているということです。

また、子育て世代の増加に伴って、5～9歳、10～14歳世代の増加幅も大きくなっています。木更津はプラスの人口循環に入ったことがわかります。郊外で見た新興住宅地にはこうした人たちが住んでいるのだと思いました。

プラス転換の理由、それは、東京湾を横断する道路アクアラインを使って通勤・通学が可能になったからです。

アクアラインは1997年に開通しました。京浜地区と房総半島を直結する大動脈として期待されましたが、当初は通行料金が高く、通勤・通学用としては手が出ませんでした。着工が89年のバブル最盛期で工事費が非常に高かったにもかかわらず、バブル崩壊以降は物価が下がって料金が割高になってしまったのです。先ほど述べた百貨店の凋落と同じ話です。

しかし、2000年代に入ると利用促進のために社会実験として割引をはじめました。特に、07年に通勤割引を開始したところ、利用が急に増えはじめました。現在、木更津と川崎、品川、横浜へのバスが1時間に2～3本の割り合いで出ています。いずれも60分以内で到着します。

ここ10年くらいで、東京の開発が品川、汐留《しおどめ》、東京駅周辺など東に移動したことも、木更津にとってはプラスに働きました。品川に同じ時間をかけて通勤・通学できる東京西部の地域の土地価格と比べると、木更津の地価は10分の1です（公示地価・木更津市25～35千円／㎡、国立市200～300千円／㎡）。同じ値段で5～10倍の土地を手に入れることができます。こうして、多くの人が木更津に住んで東京・神奈川に通うというライフスタイルを選びはじめました。

少し前、中心市街地衰退の象徴だった木更津が、アクアラインという交通上の武器を得て時計の針を戻したと言えるでしょう。コーホート図の上方シフトは全国の自治体にとっては目標とするところだろうと思います。

衰退したままの中心市街地

さて、注目していた駅前再生の件ですが、2008年の時点では、残念ながら、このままでは衰退の一途をたどらざるを得ないと結論づけました。ビルは閑散としており、周辺商店街も活気が見られませんでした。埠頭周辺は可能性がありますが、そこに至る道路には大きなラブホテルが建っており、普通の家族連れやカップルが気軽に通れる雰囲気はありませんでした。映画『木更津キャッツアイ』の舞台にもなった〝みまち通り〟は、ファンを引きつける可能性がありますが、それが生き続けている場所ではありませんでした。

大きな再開発ビルが遊休化していることが、すべての引き金だと思いました。こういう寂しい状況に喜んできてくれるテナントも観光客もいないでしょう。当時、すでにアクアライン効果は出ていましたが、その効果は郊外に限られていて、中心市街地再生の青写真は描けていないようでした。

意見交換会では、コーホート図でその点を指摘し、駅前商業にこだわることはやめ、人口増加を受け止めて全市的な経済発展を考えるべきと提案しました。

予感は的中しました。09年には、キーテナントの激安スーパーマルエイが閉店しました。またビルの管理・運営を委託されていた日本総合企画株式会社も、バブル後の不動産不況から、その年、民事再生手続の開始を申し立てて倒産しました。

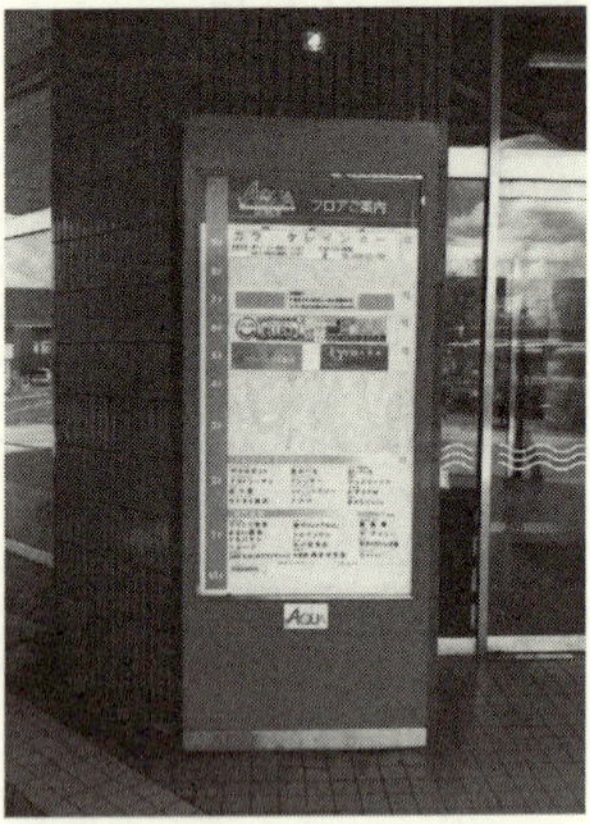

図18　木更津駅前ビルのフロア案内

市は自力活用を断念し、ビルと土地を売却するために一般競争入札を実施しました。契約の条件として、2年以内に売場面積500平方メートル以上の生鮮食料品店を開業させる努力義務などが付されていました。しかし、元々市が買い取った金額を下回る予定落札金額にすら達する入札がなく、入札は不調に終わりました。

市は入札で最高値を提示した、大阪市中央区の不動産会社である有限会社金剛山と個別に交渉し随意契約で売却し、すぐにリニューアルすることになっていたそうです。私は、この会社に関する情報は持ち合わせていませんが、一度衰退と評価された商業開発を成功に導くのは名うてのデベロッパーでも並大抵ではありませんので、簡単ではないと思います。

本書の執筆にあたり、先日（2012年8月）、現地を訪れましたが、リニューアルがはじまる雰囲気はありませんでした。中層階は閉鎖され、さらに閑散としていました。将来に備えた維持補修がきちんとできているかどうかも確認できませんでした。地域再生の時計は止まったままでした。

†どのように衰退した駅前を活性化するか

一方では、アクアラインの近くに2012年オープンした大手商業デベロッパーのアウトレットモールは大繁盛のにぎわいでした。各地にある同系列のアウトレットモールのなかでも規模は大きく、遠方からもお客さんを呼ぶことができます。自動車のナンバーは近くの袖ヶ浦ナンバーではなく、千葉や習志野《ならしの》、品川や横浜ナンバーも目につきました。アクアラインは、市内の購買力を東京、神奈川に流出させてマイナスだと言う人もいますが、消費者に支持される施設があれば、逆に遠くからお客さんが来てくれます。駅前とは大きな違いだと思います。

私は、駅前ビルの活性化のために、空いているところに部分的にテナントを入れていくような中途半端なやり方ではだめだと考えています。たとえ繁盛するテナントが入ったとしても、それは一部の話であり、建物全体、地域全体にプラスの影響はないと思います。もちろん、今のまま、まるごと使ってくれるテナントもいないでしょう。

今や最善の方法は、市役所として使うことだと思います。1972年に建設された木更津市役所は、40年を経過した老朽化物件です。12年4月に公表された耐震診断結果では、大きな地震に耐えられる目安の最低限であるIs値（耐震指標）の0・3を大幅に下回っています。再度東日本大震災並みの地震が起きれば、倒壊する危険がかなりあると言えるでしょう。

公共施設の老朽化は、最近の私の研究テーマなので、もしその話題にご関心があれば、『朽ちるインフラ』（日本経済新聞出版社、2011年）をご一読下さい。公共施設の中で、一番危険だと言えるのが庁舎です。なぜならば、庁舎は公務員が使う施設だとして補強や建て替えが後回しにされてきたからです。学校の耐震化がすべて終わった自治体ですら、庁舎は古く、現在の耐震基準を満たすための補強工事を行っていない場合が多数あります。

2011年の東日本大震災では、こうした施設が各地で30棟以上使えなくなりました。庁舎は公務員だけのものではありません。多くの市民は、何らかの用で市役所に行く必要があります。

私は、老朽化した市役所は取り壊して跡地を売却し、その資金で駅前ビルに移転するのが良いと思います。

類似事例も出ています。岩手県遠野《とおの》市役所本館は、東日本大震災で被災し使えなくなりました。遠野市自身も被災しましたが、津波で壊滅的な被害を受けた宮古《みやこ》や釜石《かまいし》など沿岸自治体に対して車で1時間圏内の距離にありました。遠野市は被災者及び被災地の支援のために、一刻も早く市庁舎を移転する必要がありました。

それが遠野市庁舎の、市街地の商業施設への移転です。この庁舎は「とぴあ」庁舎（図19）と言われています。「とぴあ」とは中心市街地活性化の商業施設の名称です。震災後、市庁舎の移転復旧を急いだ遠野市は、稼働している店舗を集約することで、市庁舎のためのスペースを確保しました。市庁舎が移転したのは、48日後です。普通の方法で庁舎を建て替えれば何年もかかるのに対して、わずか48日後に市役所機能が立ち上がりました。改修費用もごくわずかですみました。こうしてスピーディに安価に新しい庁舎を手に入れる

図19　岩手県遠野市とぴあ庁舎（商業施設内）

図20　木更津市のコーホート図

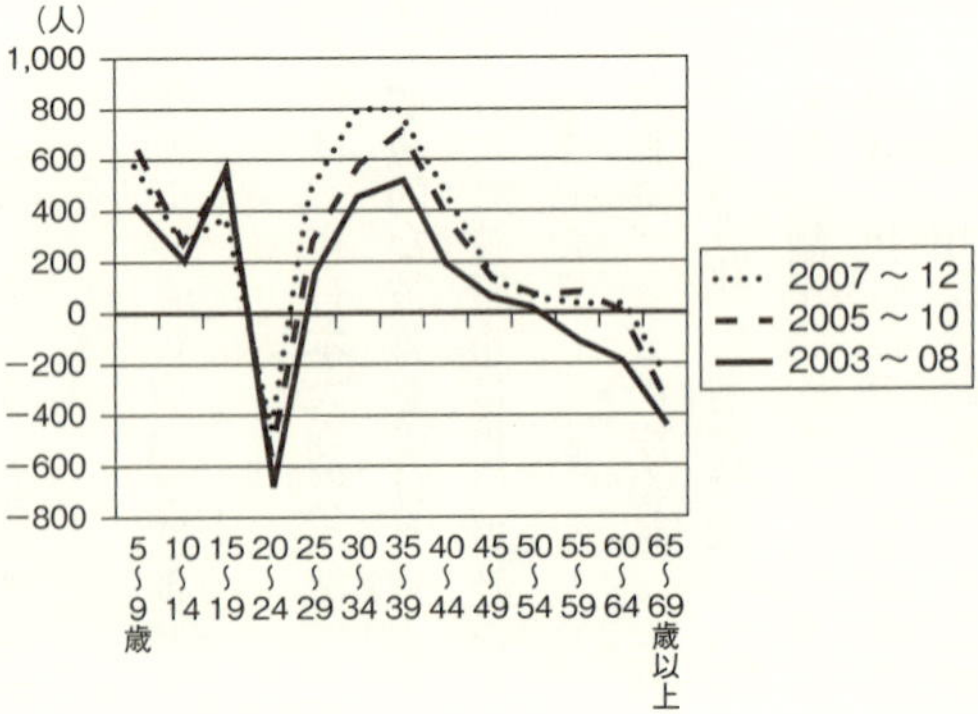

ことができました。

この方法は、木更津でも実行可能です。駅前ビルは88年竣工で、80年の改正建築基準法の厳しい耐震基準を満たしています。このビルに移転すれば、危険な庁舎はなくなり、庁舎を利用する市民の安全性が確保されます。そして、駅前には数百人の市職員が新しい住民として登場します。今までいなかった消費者の登場で、駅前にある他の商店の需要が開発されます。前述の遠野市でも、市の職員が勤務の帰り道に買い物をして、商店が息を吹き返したという話を聞きました。

ぜひ、木更津市には大胆なアイデアの実現をしていただくことを期待します。

最後に、最近のコーホート図（図20）を掲載します。なんと、その後も、ほぼ全世代で増加の動きは続いています。20〜24歳の減少は相変わらずですが、55歳未満のそれ以外のすべての世代はプラスになっていて、しかもその幅が年々大きくなっています。

木更津は、駅前ビルは時間が止まっていますが、市全体では確実に時計が進んでいる町なのです。

ケース③ 歴史の流れに逆らおうとした町

北海道夕張市・占冠村【民から官へ】

夕張市は、北海道の中央部に位置し、札幌、新千歳空港から電車で2時間程度の市です。かつては石炭、今は夕張メロンや映画祭が有名ですが、残念なことに、夕張を一番有名にしたのは、財政破綻した自治体であるという点です。

正確には、日本の地方自治体は財政破綻することはありません。地方財政再建促進特別措置法という法律にもとづいて、財政を再建すべき自治体（法律用語では〝財政再建団体〟）として位置づけられています。民間企業でいえば、民事再生法や会社更生法が適用されている状態だとお考えください。民事再生法や会社更生法の管理下にある企業は、希望退職などで従業員はかなり減っていると思います。同じように、深刻な財政状況にある自治体は、どういう人口の動きを描くのでしょうか。

†自治体の財政破綻、減りつづける人口

図22は、2000〜05年、05〜10年の二つの国勢調査期間中のコーホート図です。

これによると、00〜05年に25〜39歳でわずかなプラスがあった以外は、子どもから大人までですべての年代でマイナスとなっています。特に、15〜19歳、20〜24歳の落ち込みが大きく、中学、高校卒業を機に一気に若者が出て行って、ほとんど戻ってこないうえに、それ以外の流入もないという状況であると推測されます。

財政はもとより、町としても人口が減っているきわめて深刻な状態にあるといえます。

財政再建団体に指定されたのが07年なので、その後の人口減少は理解できますが、その前の00〜05年時点で、すでにかなりの人口減少があったことがわかります。

図21　夕張市の位置

破綻の原因は何だったのか

しかし、夕張の衰退は、それよりもはるか以前にはじまっていました。財政を破綻に追い込み、町の人口を減らしたのは何だったのでしょうか。まずは、夕張市の歴史を振り返ってみましょう。

図22　夕張市のコーホート図

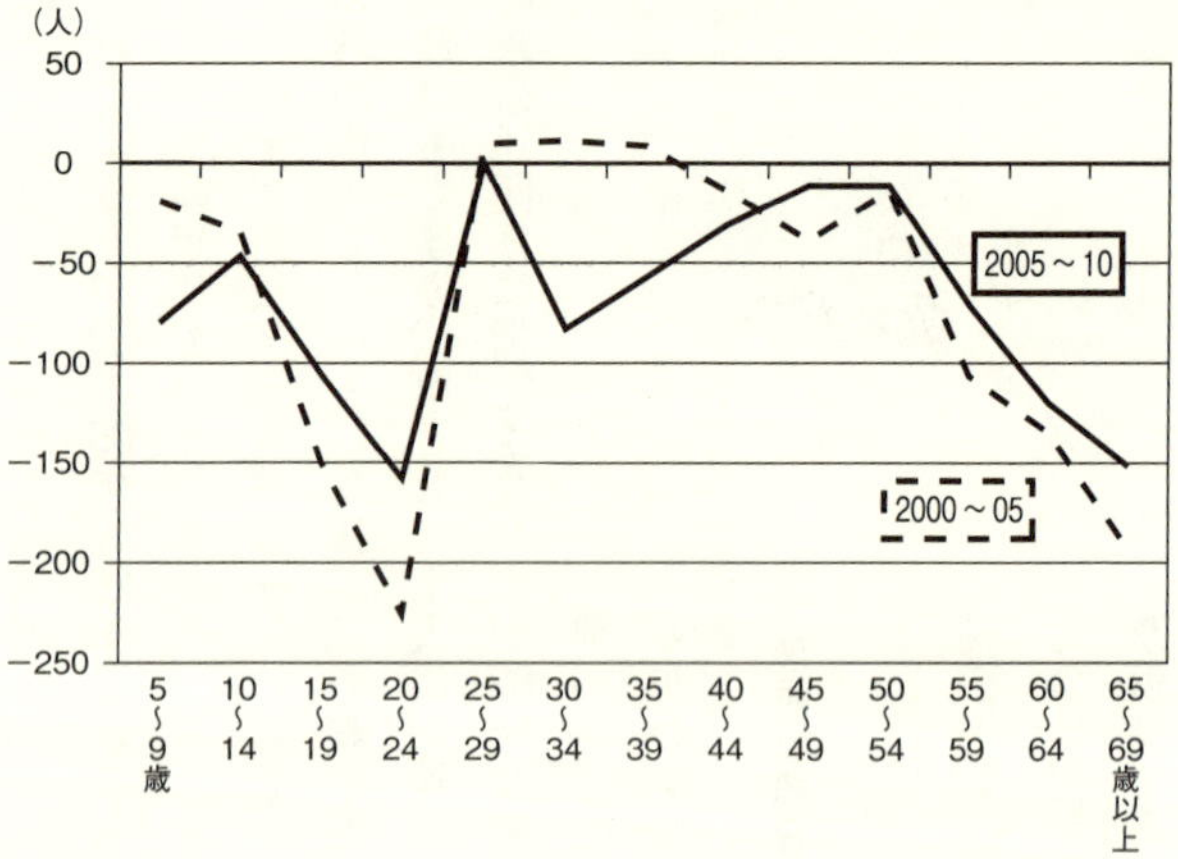

1世紀以上前の1892年、夕張炭山の採炭が開始されました。町ができたのはそれ以降のことですので、純粋に石炭産業の町だと言えるでしょう。石炭を採掘する企業が拠点を置き、炭鉱労働者向けにさまざまなサービス業が発生しました。

石炭産業は次々に拡大し、大きな鉱山を開発しました。戦後の復興から朝鮮戦争特需の時期は石炭需要も膨らみ、最盛期の1960年ごろは12万人弱の人口を抱えていました。そこでは、三井、三菱など名だたる財閥系の石炭会社が経済を支えていました。

石炭を採掘するには大量の鉱山労働者が必要です。優秀な人員を確保する必要性は

図23　夕張市の長期人口推移と円・ドルレート

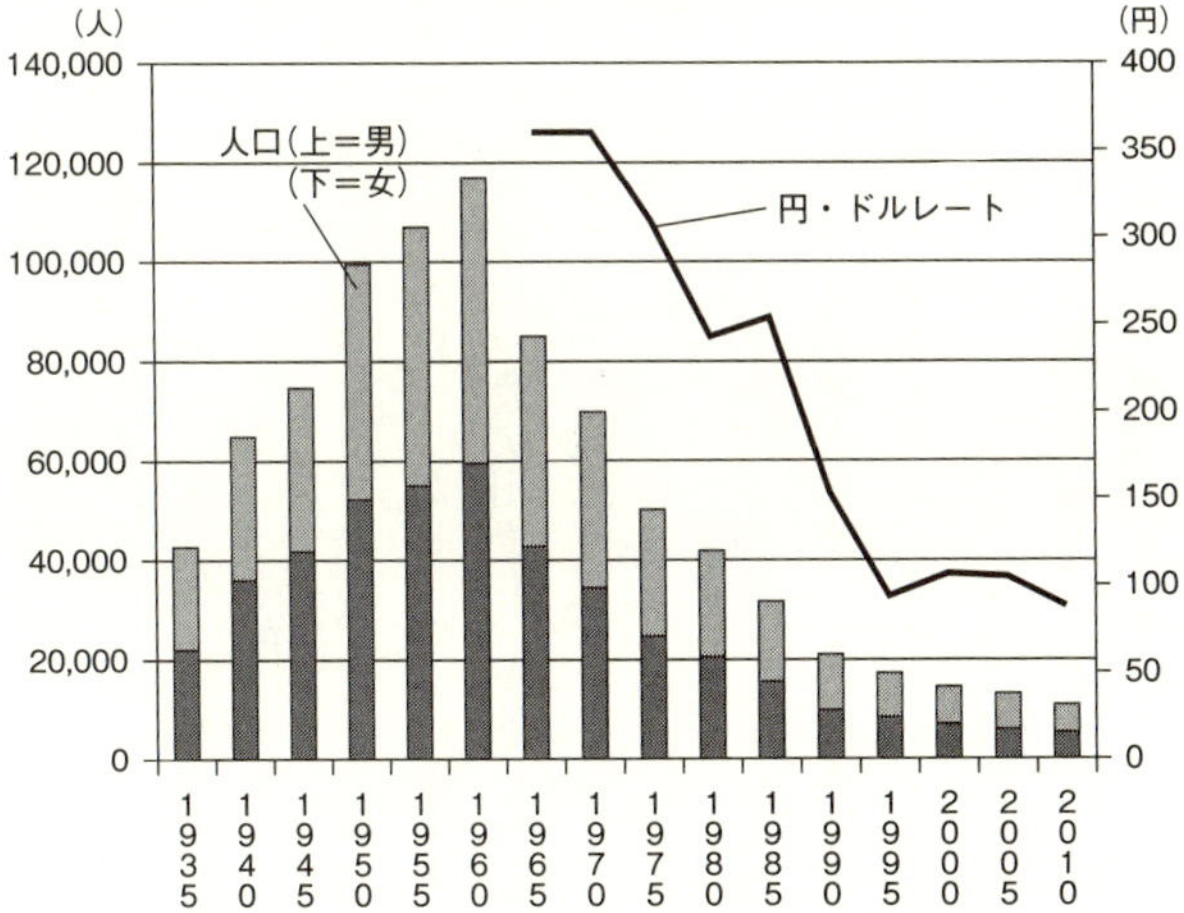

いつの時代も変わりません。石炭会社は、こぞって福利厚生を競い投資しました。夕張市の住宅、水道、下水道、病院などは、石炭会社が作ったものです。

60年代は、一時の熱狂振りは冷めたものの石炭需要は旺盛でしたが、次第に生産が減少しはじめます。石炭よりも安価で取り扱いやすい石油という代替商品が登場したからです。石炭の大きな需要先であった電力産業や鉄鋼業が次々に石油にシフトしはじめました。さらに、70年以降、変動相場制への移行に伴って円高になると、安価になった海外炭が輸入されはじめます。そもそも、日本の石炭業は、山の底深く、場合によっては海の底深く掘り進めなければ資源にたどり着けない坑内掘りです。炭鉱を何千メートルも下った地点で掘り削し地上に引き上げなければならないため、輸送費も人件費もかかってしまいます。一方、オーストラリアなどの輸入先の石炭は、露天掘りにより安価に採掘されています。こうして国内炭は価格競争力を失いました。

石炭産業は民間会社ですから、市場競争力のない商品をいつまでも提供し続けることはできません。徐々に、しかし、確実に生産を減らしていきました。北海道と並ぶもう一つの柱である九州の筑豊《ちくほう》炭田でも、次々と生産効率の悪い中小炭鉱が閉鎖に追い込まれました。その一方で、国内炭生き残りをかけて、最新設備を導入した大規模炭鉱の開発が進められました。

そうしたなか、79年、夕張市長に中田鉄治氏（故人）が就任しました。中田市長は、夕張を再生しようと奔走します。この時点ですでに人口はピーク時の3分の1近い4万2000人に減っていましたが、オイルショックによって、石油供給の不安定さが明らかになると、鉄鋼やセメントなど需要産業側でも原料の石炭転換が進んで、夕張の再生も可能かもしれないという機運が起きていました。中田市長のビジョンは、石炭再生を地域再生に結びつけるという合理的なものでした。

しかし、81年、その機運を吹き飛ばす事故が起きました。最新鋭の北炭夕張新炭鉱のガス突出と火災事故です。もともと、採掘現場には石炭が生成される時の副産物として燃えやすいメタンガスが溜まっていることが多く、これらが一挙に噴出して爆発することがあります。坑内に取り残された労働者93名が亡くなるという悲惨な事故でした。その後、同業の三井三池炭鉱有明鉱坑内火災（84年、死者83人）、三菱南大夕張炭鉱ガス爆発（85年、死者62人）と同じような最新鋭炭鉱で事故が立て続けに発生しました。

これらの事故は、最新鋭とはいえ、坑内掘りでは安全は確保できないことを知らしめました。それどころか、エネルギー源としての品質の高い鉱山は、さらにガス火災を発生しやすいこともわかりました。

ついに、各地の石炭会社は撤退をはじめます。閉山した鉱山には労働者はいなくなります。民間企業の活力によって栄えた町は、その民間企業の撤退によって衰退を余儀なくされます。

†衰退からの再生策――「民から官へ」の選択

夕張市にとっては、ここが大きな分かれ道でした。二度のオイルショックで石炭は見直されたとはいえ、安全性の確保できない坑内掘りの操業ができない以上、夕張の基幹産業である石炭産業がなくなるのはやむを得ないことです。しかし中田市長は、そのまま町を滅ぼすのではなく、懸命の再生策を繰り出します。

82年、旧夕張炭鉱病院を市立病院として移管しました。当時すでに人口は3万人程度に減っていました。わずか3万人の町が公立病院を維持するのは、いかにも荷が重いですが、病院を失うことは地域を滅ぼすことと考えた中田市長は敢然と市への移管を決めました。

83年には、閉山した炭鉱跡地に教育レジャー施設である石炭の歴史村をオープンしました。市にとっては、炭鉱が閉山したことによって減少した雇用を少しでも吸収するとともに、石炭に代わる基幹産業としての観光産業の発展に期待したのです。夕張は、夏のキャンプや冬のスキーリゾートとしての可能性があります。その可能性に期待して、86年には市による直営ホテル「シューパロ」をオープンさせています。

この間も着々と民間の撤退は続きました。90年、最後の炭鉱であった三菱南大夕張炭鉱が閉山しました。長年にわたって従業員の生活を支え続けた炭鉱住宅、上下水道設備を市が買収しました。そうしなければ行き場を失う市民が続出することは明らかだったからです。この時点で人口はさらに減少し、2万人になっています。

02年には、リゾート開発企業である松下興産が建設運営していたマウントレースイリゾートから撤退しました。人口の減少が続くなかで、リゾート地としての維持も厳しいと判断したのでした。この施設も市が取得することになりました。

現在、国や地方のサービスでは、できるだけ財政負担を減らすために、「民でできるものは民で」「官から民へ」という言葉がよく使われます。民でできるものは民に実施してもらえば良いのは当然ですが、その民ができないといって手放してしまった場合にどうするかは難しいところです。

民でできないものは官が行う必要がないと言ってしまえば終わりですが、民が病院や住宅、下水道など公共サービスを担っていた場合には、それを官が引き受けない限り公共サービスが消滅してしまいます。そう考えた中田市長は「民から官へ」を選択したのです。

こうして、かつて石炭を中心に栄えた夕張の民間産業はほぼ撤退し、産業の繁栄が前提になっていた公共施設を市が引き受けました。多大の資産の引き受け、それを維持していくという決断は市の財政にも大きな影響を与えました。

中田市長は03年に引退し、その年に病気で亡くなっています。中田市長を市の幹部として支えて後任市長に当選した後藤健二市長も、この流れを維持する選択をしました。町の

図24　石炭の歴史村と石炭博物館

消滅の引き金を引くという決断はできませんでした。

しかし、雪だるま式に膨らむ借金は、衰退した市の財政から返済できる水準をとうに超えていました。ついに、市は不足する資金を一時借入金という方法で調達することになります。行政は、民間企業と違って、税金を徴収する権利、つまり徴税権を持っています。この権利を背景に、金銭収入が得られないような公共サービス（義務教育、高齢者福祉、生活保護など）を行うことができます。税金は会計年度末、つまり毎年3月までに金額としては確定しますが、納税者が実際に税金を支払うのは5月末になります。一方、行政の支出は4月1日からはじめなければなりませんので、5月末までの間の2カ月間は、収入が不足する可能性があります。

一時借入金とは、このような理由で生じる不足資金を補うために認められている特殊な借入金です。税金が入ってくることは確実なので、自治体財政に悪影響を与えることがないとして、例外的に認められているのです。

夕張市はこの借入金を使いましたが、返済するあてはありませんでした。そもそも基幹産業である石炭産業が事実上消滅し、観光産業はそれに代わるほどは伸びていないなか、人口減少と従来水準の公共サービスの維持を両立させるのは無理な話です。お金の不足は、どんどん拡大していきました。しかし、メインバンクは貸し続けました。日本の自治体は財政が破綻しないことになっており、要請があれば貸すことが常識だと考えていたからだと思います。

†本当の危機にならないと危機感は持てない

こうして、財政規模をはるかに上回る負債を背負いこみ、05～06年の時点ではとても隠しきれない水準になり、道や国に支援を申請しました。地方財政再建促進特別措置法では、自治体が最低限の公共サービスを維持できるように、再建計画を立てて国や都道府県が支援する仕組みができていました。この仕組みを利用して、ついに07年、夕張市は財政再建団体となりました。再建計画は、道や国の支援を受ける前提として、厳しい自律を求められます。夕張市民以外の納税者の税金が投入される以上、当然のことです。

以下が再建計画の内容です。

・市民税　個人・均等割3000円　↓　3500円
・固定資産税　1・4％　↓　1・45％
・軽自動車税　現行税率の1・5倍
・施設使用料　50％引き上げ
・下水道使用料　1470円／立法メートル　↓　2440円／立方メートル
・一般市職員給与　640万円／年　↓　400万円／年
・議員定数　18名　↓　9名
・集会施設、公園等、体育施設の全部または一部廃止
・福祉補助、行事等補助の全部または一部廃止

一般的な地方財政の常識からすれば、一般市職員給与平均4割削減、議員定数半減、施設や行事の廃止は、非常に厳しいといえます。

言い換えるなら、もっと前に、こうした措置の一部でも実施していれば破綻は避けられ

たかもしれません。私たちが夕張から学ぶべきことは、破綻しそうになる前に思い切った措置を講じることの必要性です。私は財政問題をいろいろな角度から分析して、解決法を各地で講演しています。大多数の人は賛同してくれますが、なかには、「今まで大丈夫だったのだから、これからも大丈夫のはずだ」「最後は国が助けてくれるので、努力しても意味がない」とまじめに聞こうとしない人も多いです。

本当の危機にならないと危機感が持てないというのは残念なことです。

危機を予見できなかった反省は国でも起きました。地方財政再建促進特別措置法ではとり入れられていなかった「早期健全化」という考え方を盛り込んだ〝地方公共団体の財政の健全化に関する法律〟（健全化法）が制定されたのは、夕張問題がきっかけになっています。自治体本体だけでなく、公営企業や第三セクターも含めた客観的指標によって評価し、一定水準を超えると健全化のための計画を立てる必要性が生じます。こうして、議員や市民にも健全化の度合いが開示されることによって、事実上破綻する前に対処することができるようになりました。

ただし、健全化法で決められている指標はごくわずかです。その指標が合格点だったとしても、自治体財政が万全だということにはなりません。人間の健康診断でいえば、血圧だけ測定しても脳の異常が発見できないのと同じです。幸いにして、健全化法導入と並行して進められている公会計改革では、民間企業と同じような基準で会計を整備し、財務諸表を作成する活動が進んでいます。不十分な点も多いですが、民間企業と同じように情報が開示されれば、さまざまな分析が可能です。これからは行政だけでなく、議員も市民も自分たちの町の健康状態を自分で把握することができるようになります。そうすれば、「何となく大丈夫そうだ」とか、「国が助けてくれる」というような無責任な発言はなくなると思います。

†夕張の破綻は避けられたか

さて、石炭産業が撤退していた当時、夕張市がとった手段は正しかったのでしょうか。町がなくなる危機を眼前にした夕張市の気持ちはわかる気がします。もし何も手を打たなければあっという間に人は去り、地図上から消え去ったかもしれません。

しかし、そういう考え方が民から官への多大の資産移管や、一時借入金を使った自転車操業を強いたことも否定できない事実です。非常に厳しい言い方かもしれませんが、路線転換が必要でした。

図25　全国自治体人口１人あたり公共施設延床面積ランキング

順位	都道府県	市区町村	人口（人）	面積（㎢）	人口一人当たり延床面積（㎡）
1	北海道	占冠村	1,211	186,429	153.95
2	島根県	海士町	2,378	93,192	39.19
3	北海道	中川町	1,870	64,998	34.76
4	北海道	中札内村	4,044	122,479	30.29
5	北海道	沼田町	3,724	100,678	27.03
6	北海道	利尻富士町	2,949	77,225	26.19
7	北海道	利尻町	2,489	60,797	24.43
8	沖縄県	伊平屋村	1,364	33,241	24.37
9	北海道	三笠市	10,673	260,000	24.36
10	北海道	黒松内町	3,198	74,202	23.20
11	熊本県	産山村	1,680	36,481	21.71
12	北海道	留寿都村	1,990	42,674	21.44
13	北海道	赤平市	12,877	271,454	21.08
14	北海道	和寒町	3,983	83,464	20.96
15	長野県	天龍村	1,740	35,643	20.48
16	北海道	蘭越町	5,455	111,352	20.41
17	北海道	枝幸町	9,260	185,871	20.07

実は、現在、事実上破綻して必要最低限の公共サービスに落ち込みながらも、夕張市には多くの人々が残っています。競争力のあるメロンなどの農業、豪華ではありませんがキャンプ場やスキー場も健在です。国際映画祭はプラスイメージを引き上げるのに役立っています。石炭産業の栄華をふたたび夢見るという無理な背伸びをせず、小さい資源を生かしてこつこつ粘っていく地域経営に切り替えていれば、破綻は避けられたはずです。それを早めに宣言し、住民を説得して頭を切り換えていくという勇気が必要だったと思います。

私たちの住む町も、いつ同じような状

況に見舞われるかしれません。そのときに、行政に「実現不可能なのに現状のレベルを維持する」というような選択を迫らないよう気をつけないといけません。

†日本一公共施設が多い占冠村の危機

さて、夕張市とは違う状況ですが、最近北海道で注目している自治体があります。それは、占冠村《しむかっぷ》です。この村に注目したのは、コーホート分析ではありません。全国自治体人口1人あたり公共施設延床面積ランキングで1位になったからです。

自治体には、学校、病院、公営住宅、図書館などの公共施設があります。人口の多い町には多くの公共施設があり、人口の少ない町の公共施設は少なくなっています。人口の違う地域を比較できるようにしたのが、人口1人あたり公共施設延床面積ランキングです。

今までは、この数値を公表する義務はありませんでした。しかし、自治体によってはホームページに公表している例はありました。そこで、東洋大学と神奈川県秦野市《はだの》職員の有志チーム総勢40人で、各自治体のホームページを全部検索して、掲載されている数値を拾い出しました。数字が掲載されていない自治体も少なくありませんでしたが、全国で981の自治体のデータを入手することができました。その結果、ランキングができました。

この面積が全国で最大だったのは占冠村でした。これがベスト1なのか、ワースト1なのかは、評価が分かれるところです。公共施設が充実しているということは、市民が受けられるサービスがそのぶん多く、充実しているということです。そう考えればベスト1になります。

しかし、公共施設が多いということは、その施設を維持管理する費用がかかるということ、古くなったら建て替える費用もかかるということを意味します。この観点から見れば、公共施設が多いことはワースト1ということになります。

この調査は、近年、日本の公共施設やインフラが老朽化し物理的な危険にさらされているという問題意識にもとづいて実施していますので、人口1人あたりの公共施設延床面積は、高いほど問題があると考えています。人口密度の低い北海道の自治体はどうしても上位に来る傾向があります。そのなかでも、占冠村は2位以下を圧倒する高い数字でした。さすがに、数字の間違いではないかとも思いましたので、公表前に村に直接確認しましたが、正確な数字だということがわかりました。

†決断の時が成否を分ける

占冠村は、夕張市の東側に隣接しています。村の面積の94％が森林という中山間地域で、林業が主業でしたが、1950年代にダム建設計画（赤岩ダム）が持ち上がります。この計画は、村がほぼ全部水没するという計画だったため住民の反対が強く、61年には白紙撤回されています。この頃、村の人口は5000人近い水準でした。

この後、人口は減少しますが、81年に村を東西に横断する国鉄石勝線が開業し、札幌や帯広と直結したことを機に、村の産業を観光に絞った開発がはじまりました。83年に、仙台の不動産業者関兵精麦《せきひょうせいばく》グループと占冠村の共同事業として、中苫鵡《なかとまむ》地区のスキー場を中心としたアルファリゾート・トマムが開業しました。

山の中のタワーホテルは話題を呼び、当初、多くの観光客を集め雇用機会も創出されましたが、バブルが崩壊すると、観光客が急激に減少し経営は悪化しました。98年、ついに施設の一部を所有し、全体の運営主体であった「アルファ・コーポレーション」（関兵精麦グループ企業）が自己破産しました。これによってリゾートが廃墟になる可能性が生じました。事業の継続を目指した村は、紆余曲折を経て施設を引き受けることにしました。

現在、村の公共施設である複数のリゾートホテルを、指定管理者である星野リゾートが運営しています。このときの資産引き受けが、全国最大の保有面積という結果を招きました。

夕張と同じ状況です。もともと関兵精麦グループという民間企業がはじめたリゾート開発でしたが、バブル崩壊後の需要の急減という大きな衝撃を受けて破綻しました。そのままでは、巨大な廃墟が残されることになります。村は、何とかして廃墟にならないよう他の民間の引き受け手を捜します。途中、加森観光という引き受け手が現れて市に施設買い取り資金を寄付するという方法も採用されました。しかし最終的には、他地域でリゾート再生に成功している星野リゾートが、一部の施設を自ら所有・運営するとともに、村保有分の施設の指定管理者となって、全体を星野リゾートトマムとして経営しています。民間保有分は自ら保有し自ら運営していますので、最後まで責任を持って経営してくれると思いますが、問題は村所有部分です。

指定管理者は、あくまでも自治体がその施設を所有している場合に適用される制度です。星野リゾートトマムは、もうすぐ建設後30年経とうとしています。集客施設は定期的にリニューアルしていかないとお客さんが呼べなくなります。いずれは建て替えの必要も生じてきます。指定管理者の場合に、その責任を負うのは基本的に所有している自治体です。

図26　占冠村の長期人口推移

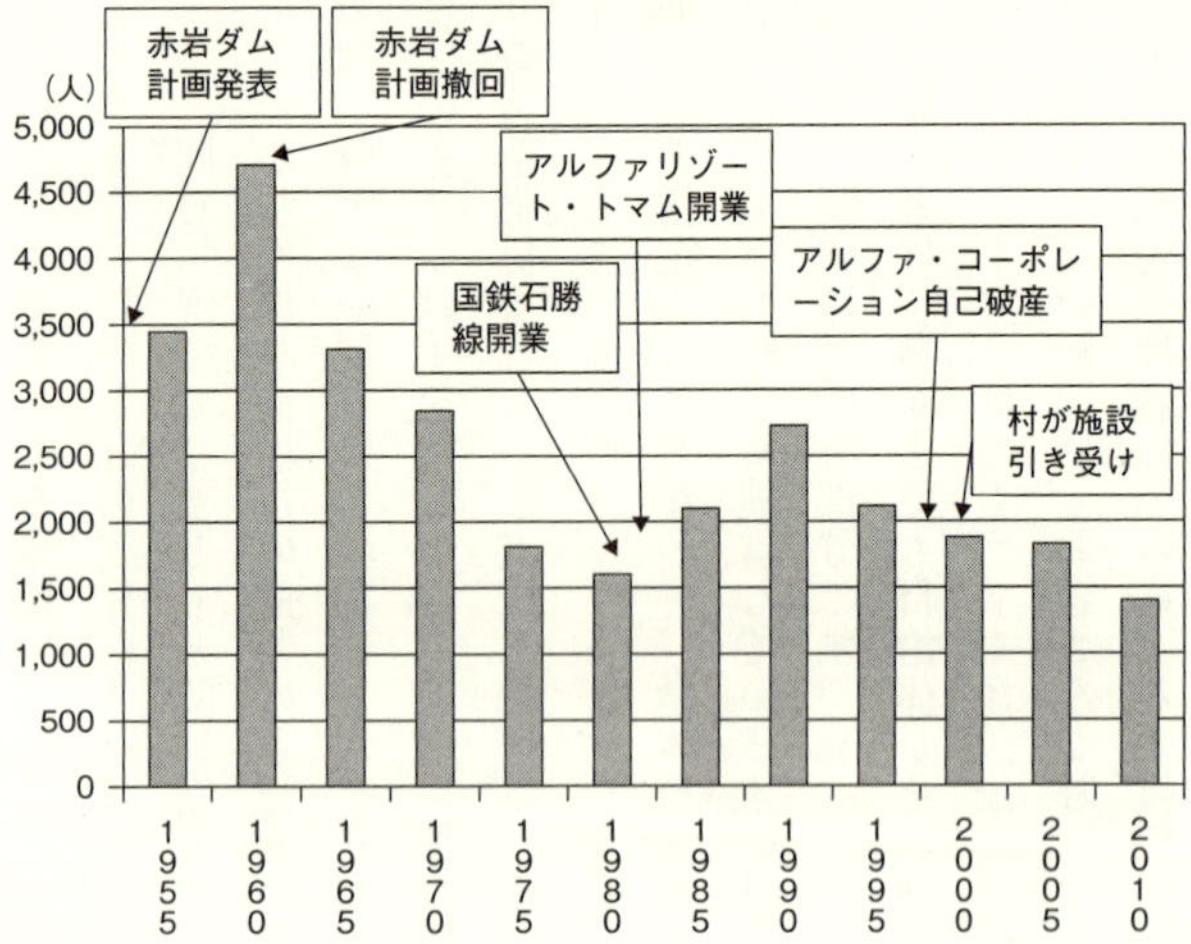

図27　占冠村のコーホート図（2005～10）

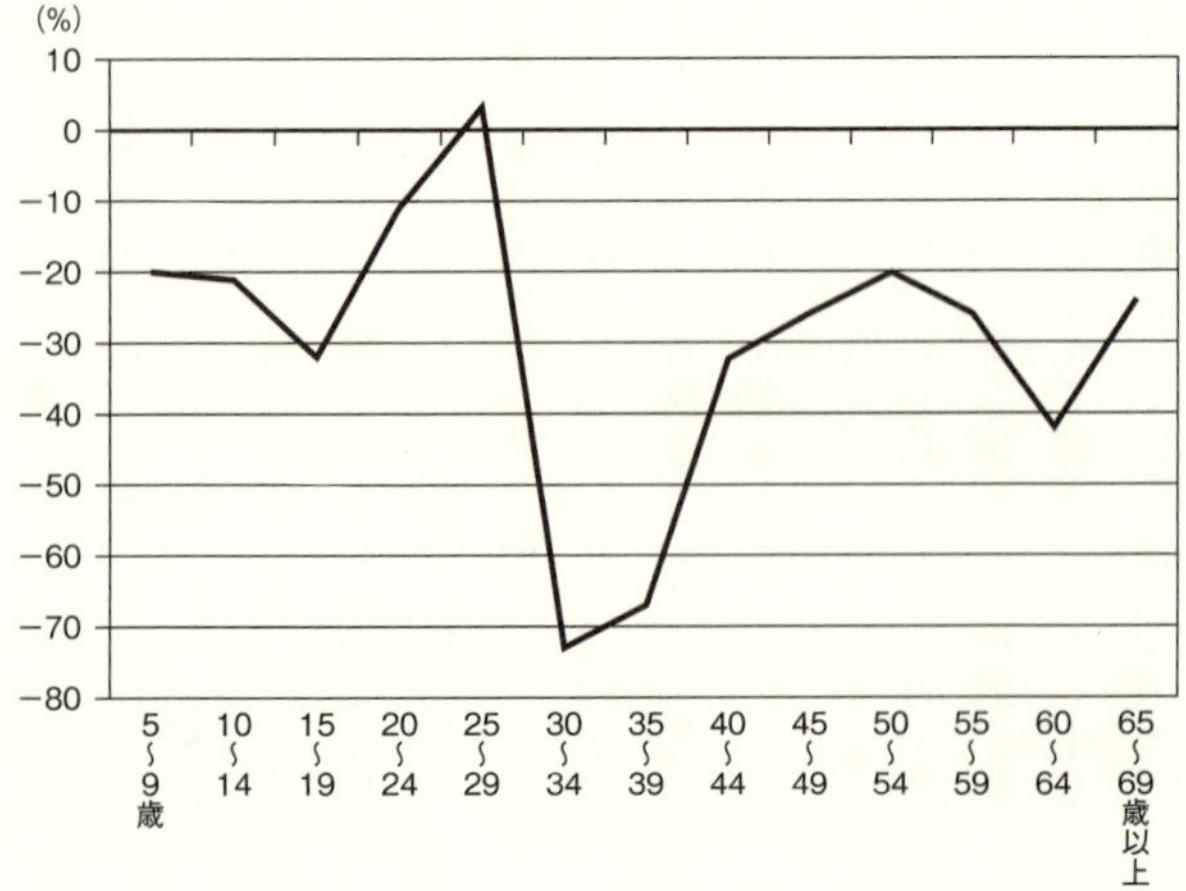

村がその負担に耐えられるでしょうか。とても無理です。指定管理者である星野リゾートが村の分まで負担してくれるのを期待することもできません。誰も責任をとれないまま、どんどん施設は劣化しホテルとしては使えなくなってしまいます。かといって、壊すにも多額のお金が必要です。

村の消滅を避けるという緊急の必要性があった事情は理解したとしても、いずれ廃墟にせざるを得ないかもしれない施設のために、お金を使う必要があったでしょうか。決断すべき時というのはあったのではないかと思います。

図26は占冠村の長期人口推移です。赤岩ダム計画の撤回時は4700人の人口がいったん減少し1600人になった後、リゾート開発で2700人に増加し、運営会社の破綻で2010年国勢調査では1500人を下回る人口になっています。

図27はコーホート図です。25～29歳代がほぼプラスマイナスゼロである他はすべての世代でマイナスになっています。

さすがに知恵はありませんが、幸いにして鉄道の便には恵まれています。早めに施設に見切りをつけて、ソフトを生かしたリゾートへの転換を進める道は残されているでしょう。

ケース④　衰退した商店街を再生した町　大分県豊後高田市【商店街再生】

大分県の国東《くにさき》半島の北側に豊後《ぶんご》高田《たかだ》市という小都市があります。豊後高田市は、もともとは日本を代表する歴史的な神宮である宇佐神宮の荘園（田染《たしぶの》荘《しょう》）として歴史上に登場します。当時から、宇佐神宮の経済力を背景として独特の山岳仏教文化「六郷満山《ろくごうまんざん》文化」を開花させました。

また、古くから海路交通により関西方面との交流が盛んで、鎌倉時代から戦国時代までは国東半島の武士団の瀬戸内海への根拠地として、明治以降においては関門《かんもん》地域への内海航路の拠点として、西瀬戸地域の交流の結節点の役割を果たしてきました。

1916年には、日豊《にっぽう》本線の宇佐駅を経て、宇佐神宮のある宇佐八幡駅までを結ぶ鉄道路線である大分交通宇佐《うさ》参宮《さんぐう》線が開業しました。この線は、65年までの50年間運行を続けました。実現せずに終わりましたが、鉄道を東に延伸し、国東線と共に国東半島一周鉄道を形成する計画もありました。

戦後から60年代までは、当時の電電公社（現ＮＴＴ）の支社など大手の企業の支店・支社が立地する国東半島の経済的な中心地として繁栄し、中心市街地の商店街は多くの人が訪れ、一般商店だけでなく飲み屋や食堂が繁盛しました。

「猫しか通らない商店街」への反省

しかし、高度成長期にモータリゼーション（自動車化）が進むと、水運の役割がなくなり、関係者の足が途絶えました。宇佐参宮線が廃止されて宇佐神宮との関係も薄まると、人の流れが大きく減少をはじめます。

図28　大分県豊後高田市の位置

半島の突端にある大分《おおいた》空港からバスで45分もかかるうえ、県庁所在地である大分市はもちろん、大分観光の拠点である別府《べっぷ》や湯布院の反対側に位置し、観光ルートとしては大きなハンディを負っています。半島南側の観光地が注目を集めるなか、観光ルートからはずれた豊後高田がメインの光を浴びることはなくなりました。

人が減っても、事業を営んでいる商店がある以上、商

図29　豊後高田市の昭和30年代の様子

店街はなくなりません。豊後高田の商店街は、お客さんを失って「猫しか通らない商店街」と呼ばれるようになりました。もちろん、全国の商店街は、どこも同じように苦労しています。その様子は、ケース②で紹介した木更津市でも共通しています。

どの地域でも、商店街に買い物に来る人がいなくなり、多くの人が郊外の大規模店舗に通うようになっています。地元の人から見放された商店街にはなかなか再生の知恵は出ません。こうした状態になって、税金をもとに補助金を出して救うことが本当に必要なのか、常日頃思っていました。

最初の頃、豊後高田商店街も同じように国のメニューにしたがって活性化のための活動をしてきましたが、その成果はあまり出なかったようです。

昭和の町を最初に仕掛けた地元の人は、「結局、補助金頼みのアイデアは補助金を出してくれる人を向いていて、肝心の商店街に来てほしいお客さんのことをあまり考えていなかった」と反省していました。

†「昭和の町」への原点回帰

さまざまな失敗の上に、最後の最後に地元の人がたどり着いたのは、自分たちが一番元気だった頃に戻ろうという原点回帰の発想です。こうして進みはじめたのが、「豊後高田昭和の町」です。着手したのは2002年ですから、まだ10年の若い町でもあります。

商工会議所や行政の若手クラスが集まってアイデアを温め、その実現を商店に掛け合っていきました。

「昭和の町」はいくつかの再生から成り立っています。

一つめは、昭和の建築再生です。その店が建てられた頃の昔なつかしい昭和の建物を再生しました。当時は、景気の良さを背景にして立派な建築物が多数建てられました。図30のウエガキ薬局の2階の住居部分には風情のある木の欄干《らんかん》が設けられています。屋根を隣の家と切り分ける構造物である「うだつ」が、当時の繁栄を表すように高くそびえている

図30　ウエガキ薬局

図31　〝一店一宝〟の例

「長寿おかみののれんと手ぬぐい」（亀乃屋呉服店）
「昔ながらのどぶろく風にごり酒」（安田酒・釣具店）
「なつかしの昭和の学校給食」（カフェ&バー　ブルヴァール）
「昭和値段のちゃんぽん・高菜焼き飯」（大衆食堂　大寅屋）
「雨にも風にも熱にも負けない丈夫なテント」（高田テント）
「手芸名人の着せ替えキューピー」（これなが手芸）
「茶袋も昭和の玄米茶」（千嶋茶舗）
「誂え下駄」（松田はきもの店）
「おかみ相伝のおからコロッケ」（肉のかなおか）

商店もあります。

ゼロから作るのはお金がかかりますので、倉庫にしまい込んでいた部材を引っ張り出したり、後からつけ加えたアルミサッシを取り除いたりして、当時の雰囲気を出す工夫をしました。

趣旨に賛同して昭和の建築を再生する商店主には県と市から改築補助金が出ました。徐々にですが、昭和の町並みが再現されてきました。

二つめは、昭和の歴史再生と商品再生です。その店の特徴を表す〝一店一宝〟〝一店一品〟とも呼ばれています。大分県では１９８０年、当時の平松守彦知事の発案で、すべての基礎自治体が一つずつ名産品をアピールするという一村一品運動を行いました。

その結果、シイタケ、カボス、ハウスミカン、豊後牛、関あじ、関さば、麦焼酎などのブランドが生み出されました。一村一品運動は、国からの押しつけではなく地方が自分で考える動きの先駆者でした。

〝一店一宝〟〝一店一品〟は、これを商店街の商店一つ一つに展開するものです。写真のウエガキ薬局の一店一宝は「０・０１ミリグラムまで量れる毒薬天秤」です。精巧な作りで、88年まで使用されていました。一店一品は「首から上の意外な薬」と呼ばれる便秘薬だそうです。他にも、さまざまな一店一品があります。

三つめは、昭和の商人再生です。「お客様と目と目を交わし心と心を交わす昭和の商人を再生」するというコンセプトです。昔のおじいちゃん、おばあちゃんに店番に復帰してもらう店も出てきました。最初は店先にすわっているだけでも良いというつもりでしたが、いくつかの店舗で実際に店頭に立って商品を売るようになりました。それがお客さんを増やし、商店を活性化させました。

†商店街復活の秘訣は何か

こうして、昭和の町に賛同する店舗を増やしていきました。

最初から、商店街全体の合意をとろうとしなかったことは賢明です。総意を得るのは不可能でも、一部の賛成者を見つけだすのは難しくありません。そして、賛成した人たちと先に進めれば良いだけです。ディズニーランドではないので、隅から隅まで昭和の町にする必要はありません。訪問者は、自分にとっての昭和の町に合うシーンを勝手に選び出して、満足してくれます。

「昭和30年代」という時代設定も巧みでした。歴史を背景にする時代村はありますが、江戸時代以前に実際に生きていた人はいないので、それが本当なのかどうかわかりません。しかし、昭和30年代に実際に生きていた人は、私も含めて今もいっぱいいます。現在進行形の歴史村というのが、昭和の町のコンセプトであり成功の秘訣です。

最初はおそるおそるはじめた昭和の町も、町並みが充実していきました。観光客ゼロの商店街が、わずか数年で観光客20万人を数える人気商店街になりました。単なる商店街ですが、それを見に全国から多くの人が集まるようになります。話題が話題を呼び、全国の商店街再生の成功事例となりました。

さて、昭和の町をさらに活性化させたものに二つの施設があります。「駄菓子屋の夢博物館」と「昭和の絵本美術館」です。博物館や美術館といっても立派なハコを作るのではなく、昭和の町にふさわしい中身を充実させています。私はこの博物館・美術館に、昭和の町の成功の秘訣を見る気がします。

それは、地域の人材や資源にこだわらないという点です。地域で何か施設を作ろうとすると、すべて地域資源で作り上げることが必要だと考えがちです。しかし地域の資源には限りがありますので、それだけに限定すると中途半端なものになってしまいます。

昭和の町の関係者は、豊後高田市にふさわしいモノではなく、豊後高田昭和の町という架空のコンセプトにふさわしいものを全国で探しました。

駄菓子屋の夢博物館には、昭和30年代に少年少女たちを熱狂させたおもちゃが数多く展示されています。博物館というよりはおもちゃ箱です。私のように当時実際におもちゃで遊んだ世代からすると夢の国のような感動があります。

当然こうしたものを市内だけで収集できるわけはありません。関係者はあるとき、当時のおもちゃを収集している小宮裕宣さんというコレクターが福岡に住んでいることを知り

図32　駄菓子屋夢の博物館

ます。子どもの頃から駄菓子に関心を持ち、大人になって雑貨販売業を営みながら、出張先の全国各地で駄菓子屋の玩具を収集し、駄菓子屋のおもちゃの所蔵では日本一といわれていた方です。

おもちゃにかける熱心な姿勢に昭和の町の関係者が感動し、何度も何度も訪問して昭和の町への協力を依頼します。本人は、最初は何度も断ったのですが、最終的に熱心さに負けて、2002年、昭和の町への引っ越しが実現しました。

現在、駄菓子屋の夢博物館には、小宮館長の20万点を超える収蔵品の中から、未公開のものを含む5万点が一挙に公開されています。小宮氏自身、夏休みに小学生を対象にしたおもちゃを自作する工作教室を通じて、遊ぶことの楽しさを伝えたいと語っています。

昭和の絵本美術館も同様です。昭和の町のシンボルにふさわしい絵を探していた関係者は、あるときぴったりの絵を見つけます。長崎出身の黒崎義介画伯の絵でした。日本画の優れた技量に加えて、子どもを描写する純粋な画風の持ち主で、日本の童画に一つの時代を築きあげた画家でした。早速、絵の使用許可をお願いしようと考えましたが、すでに作者自身は他界していました。しかしご遺族の方が賛同して、シンボルマークを提供していただくことになり、さらに、2005年、多数の作品を展示する美術館が誕生しました。

いずれも、地域資源にこだわらない柔軟な姿勢をもっていたことが、成功に結びついたのだと思います。さきほど、昭和の町では全員合意ではなく、賛成してくれる人から進める点が重要だったと述べました。それと同じだと思います。「昭和の町の中に、昭和の町らしくないものが残っていても構わない」「地域外のものだけれども、昭和の町らしいものがあれば三顧の礼で迎える」。この柔軟性がプロジェクトの成功を促したと思います。

私は、全国の商店街の方とお話しする機会があります。なかには、「行政が助けてくれないから」「お客さんは皆郊外に行くから」と言いわけが先行する方もいます。そういうときには豊後高田昭和の町の事例を紹介します。大分県のはずれの決して条件がよいとは言えない商店街の活躍は、全国でがんばる商店街の希望になっていると思います。

†商店街が市全体を活性化する

このように、最初は少数の若手のがんばりではじまった昭和の町ですが、いつまでも属人的なやり方で通用するわけではありません。町を持続可能な状態にするには、きちんとした組織が必要です。商店街も町づくり会社をつくって経営しようと考えました。

金融界の人間から見ると、一般的には、商店街は会社組織とは縁遠い関係者の仲良しクラブに見えます。最後まで仲良しであれば良いですが、ひとたびプロジェクトがうまくいかなくなると仲良しのはずの人間関係はもろいものです。私自身、長年交流のあった商店同士が、再開発ビルに入った途端に経営不振に陥り、仲間割れしてしまった事例をいくつか見てきました。仲間割れ自体は自分たちの問題ですが、借金を返済できなくても仕方ないと開き直られると始末に負えません。銀行はお金が出せなくなり、商店街も仕事ができなくなります。

政策投資銀行は、「昭和の町には組織的な経営が必要になる」と考え、昭和の町のために設立された町づくり会社を支援することにしました。私が銀行員時代に最後の案件として役員会で説明したのは、この投資案件でした。出資ですから失敗しても返す必要はあり

図33　豊後高田市の田染荘

ませんが、出資者への配当を促すような形にすることで、出資者が経営を監視する体制を作りました。他の商店街でも応用可能な新しい知恵だと思います。

昭和の町が観光拠点としてしっかりしてくると、その他の観光資源も動きはじめます。2011年にユネスコ未来遺産に登録された田染荘の田園風景は、中世から変わらない景色といわれています。確かに見ると忘れられない感動のある資源ですが、わざわざそのために遠方から訪ねようという気にはなりません。

しかし、昭和の町とセットになっていれば、周遊コースとしての魅力が出てきます。昭和の町は、商店街だけでなく、豊後高田市全体の経済を活性化させたのです。

図34　豊後高田市のコーホート図

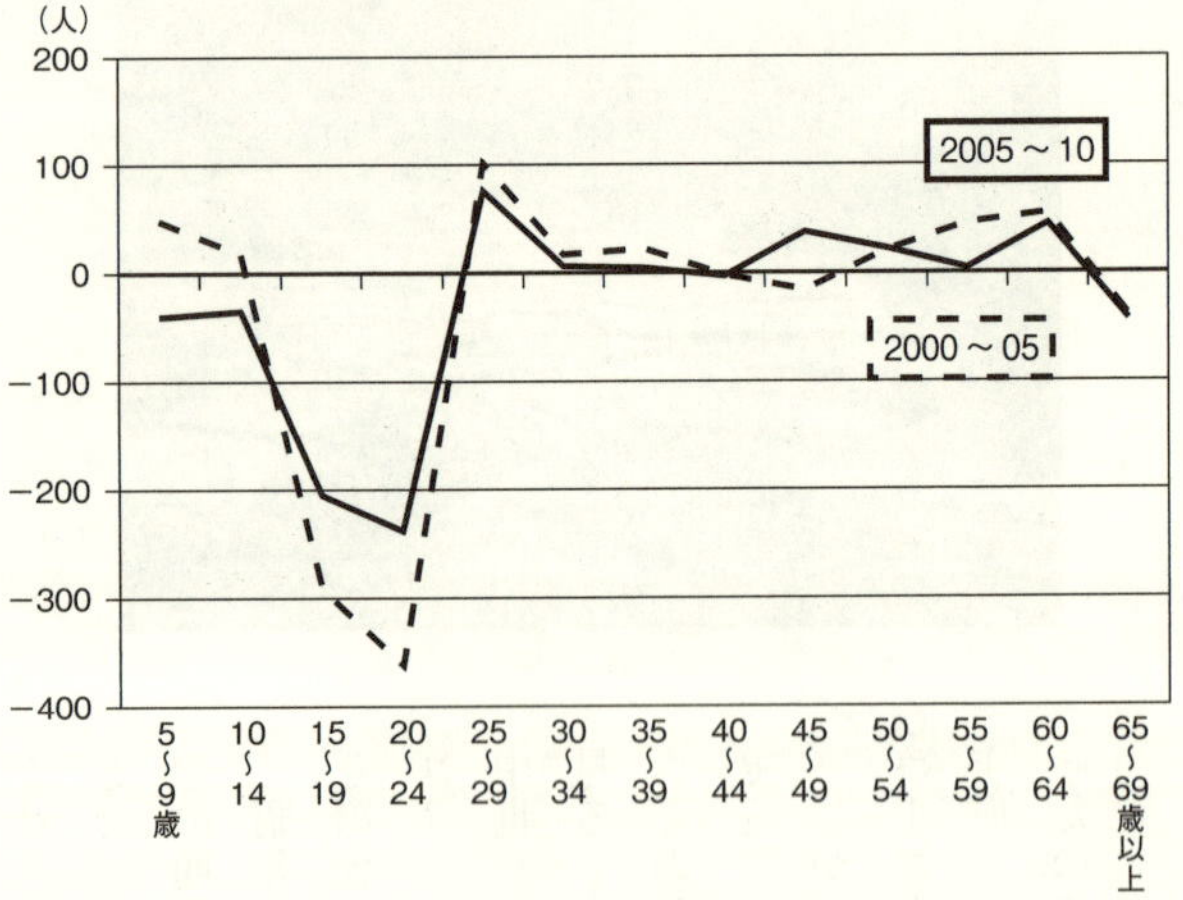

†商店街の成功は雇用を生むか

最後にコーホート図を見てみましょう。成功事例だというのであれば、人口へのプラス効果も出ているはずです。

しかし、残念ながら、まだ人口への成果は表れていないようです。

15～19歳、20～24歳に大きく落ち込んでいます。これは、中学、高校を卒業した時点で多数転出している状況が表れています。

ただし、25～29歳でややプラスになり、その後も小幅ながらプラスになっています。25～29歳のプラスは、1回、高校、大学期に市外に出た人たちのUターンだと推測されます。多数転出するものの一部は確実にUターンしています。さらに、その後も人口は維持されています。

一度戻った人たちが何らかの仕事を得て、地元に残り続けるというのは一つのきっかけだと思います。

コーホート分析でわかるのはここまでです。さらに深く調べるためには別の方法を考える必要があります。ここでは、「経済センサス」を使って市内の従業者を業種別に分類した統計を使ってみましょう。この統計は、事業所（工場や病院など）に直接調査して従業者数を把握しています。とても細かな分類までわかるのが特徴です。たとえば、飲食店の内訳として、日本料理店、中華料理店、焼肉店、バー、ビヤホール、喫茶店、ハンバーガーショップ、お好み焼店等まで把握することができます。これも、地域を分析するうえでは欠かせない統計です。

図35は、経済センサスを使って竹田市《たけだ》と産業大分類別従業者数を比較したものです。竹田市は豊後高田市とは正反対の県南部にあり、阿蘇《あそ》にも近い観光地でもあります。

両市の総従業者数はほぼ同数ですが、内訳はかなり異なっています。実は、豊後高田市でもっとも従業者数の多い産業は「製造業」です。商店街という産業はありませんが、商

図35　豊後高田市と竹田市の産業大分類従業者数比較（人）

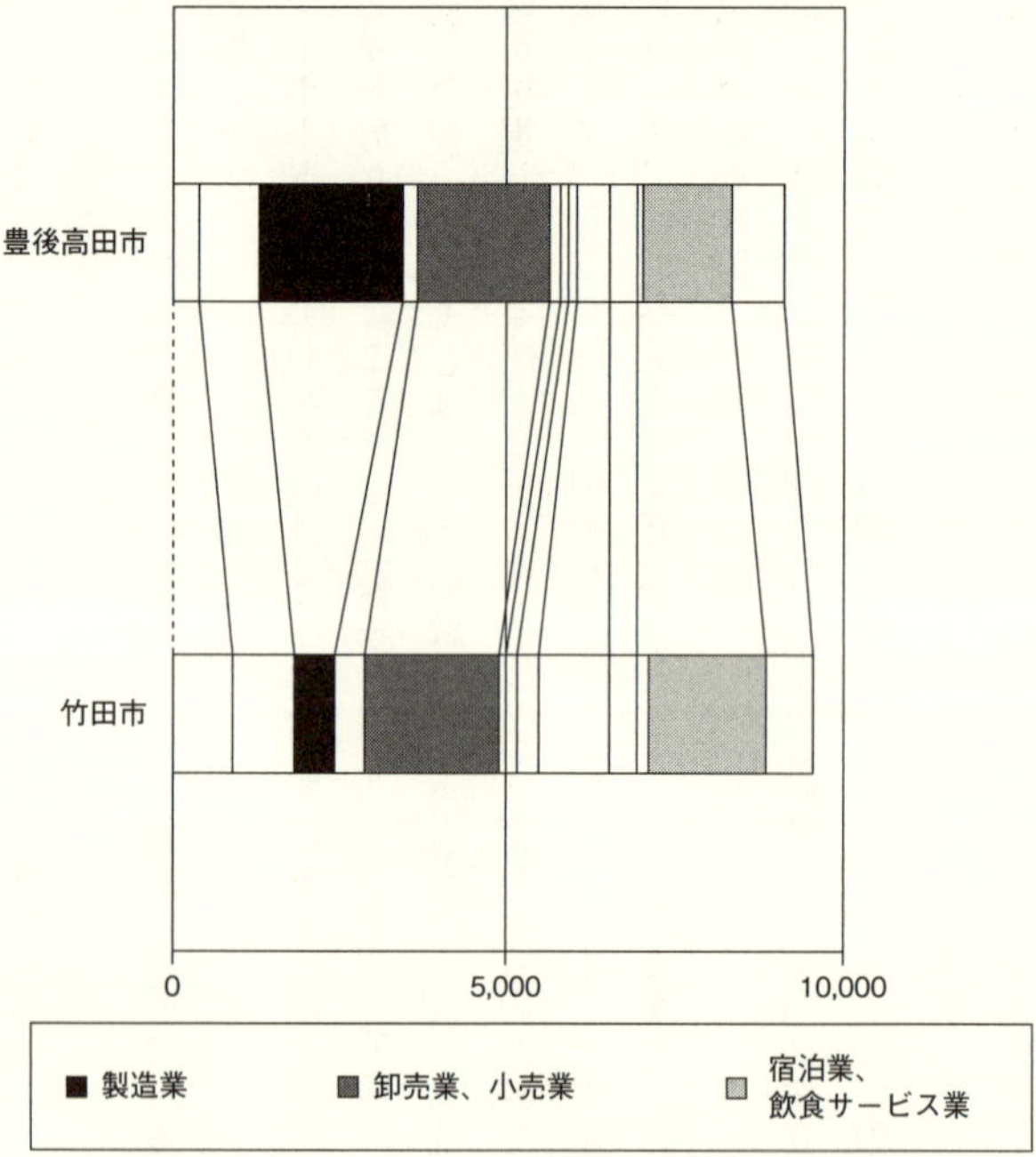

店街に近いと思われる「卸売業、小売業」や「宿泊業、飲食サービス業」でも竹田市を下回っています。

昭和の町が成功した豊後高田ですら、商店街が雇用を創出して人口が増加していくレベルには至っていないということがわかりました。

製造業の従業者数を産業別（小分類）でみると、野菜缶詰等製造業（193人）、その他の食料品製造業（199人）、工業用プラスチック製品製造業（179人）、骨材・石工品等製造業（113人）、その他の汎用機械・同部分品製造業（223人）、通信機械器具・同関連機械器具製造業（152人）、自動車・同附属品製造業（311人）となっており、商店街で有名になりつつも、雇用は製造業で創出しているということが明らかになりました。

観光と製造業を上手に組み合わせて活性化していってほしいと思います。

ケース⑤ 人が住めるまで戻した町 東京都新宿区歌舞伎町【安全再生】

本節は、東京都新宿区歌舞伎《かぶき》町の物語です。

歌舞伎町は、JR新宿駅の北東部の「靖国通り」「西武新宿駅前通り」「職安通り」「新宿区役所通り」で区切られた約10万平方メートルの地域であり、歌舞伎町1丁目と2丁目から成り立っています。

みなさんは、新宿歌舞伎町と聞くとどういうイメージをお持ちでしょうか。安くて気軽、雑踏、喧噪《けんそう》、何だか怖い。さまざまだと思います。私が歌舞伎町の仕事に関与しはじめて、もうすぐ10年ぐらいになるかと思います。銀行員時代に、中山弘子区長（現職）に頼まれて、歌舞伎町再生のお手伝いをはじめたのが縁でした。

当時の歌舞伎町は犯罪の多発する地域でしたが、警察や消防の力を借りて犯罪者を徹底的に摘発し、安全に多くの人が訪れる町にしようとしていました。銀行が役に立つのは、安全になってから後の町づくりですが、安全をつくりあげる段階から一緒に考えないと良い町はできません。

歌舞伎町の歴史をたどる

まずは、歌舞伎町の歴史をたどってみましょう。歌舞伎町という地名が歴史に登場するのは、第二次世界大戦後のことで、現在の区名である新宿の名が先に登場します。

新宿は、元禄11（1698）年に甲州街道に設けられた新しい宿場です。浅草の名主の高松喜兵衛が、甲州街道沿いの高遠《たかとお》藩主内藤家の敷地に、民間主導で宿場を作りました。内藤家にちなんで「内藤新宿」と呼ばれていました。

高松喜兵衛は新宿の初代名主となり、内藤新宿は宿屋、飯屋のほか遊女のいる色町として栄えます。風紀の乱れなどでたびたび廃止されましたが、立地の良さを生かして甲州街道の物流と人流の中心地として繁栄しました。繁華街としてのルーツはここにあります。

図36　東京都新宿区歌舞伎町の位置

当時、現在の歌舞伎町一帯には、大きな池があり

ました。江戸時代後期には、その周辺に長崎藩邸が建てられていました。明治維新後は大村伯爵の所有となりますが、すでに伯爵家には経済力はなく、単なる荒れ果てた土地となってしまいました。

ふたたび新宿が発展するきっかけになったのは、内藤新宿開設から約190年後の明治18（1885）年の日本鉄道新宿駅開業です。現在の山手線が品川―赤羽間に開通して、新宿駅が開設されました。ただし、当初は人の乗り降りはほとんどなく、薪炭・材木・砂利・石炭などを輸送し集積する貨物駅だったようです。

大正時代になると、大村伯爵邸の土地は尾張屋銀行の頭取だった峯島茂兵衛のものとなり、荒地は整備され池は埋め立てられて、町としての基盤が整備されました。

そうしたなか、大正12（1923）年に関東大震災が起きました。この地震により下町は大打撃を受けましたが、幸い新宿以西の山の手は被害が軽くすんだために、人々は地盤の固い中央線沿線に移住をはじめました。この結果、下町と山の手の交通の結節点である新宿が成長を遂げることになります。

†民主導の復興のはじまり

しかし、第二次世界大戦は、新宿一帯を焼け野原にしました。ここに、当時の淀橋区角《つの》筈《はず》1丁目北町会の会長である鈴木喜兵衛が登場します。新宿をつくった高松喜兵衛から250年後に現れた第二の喜兵衛です。鈴木は三重県の富農の家に生まれますが、父親の死で家は没落し、丁稚奉公から多くの苦労を経てこの地で商売を営むまでになりました。鈴木は、焼け野原に立って復興を心に誓います。終戦後4日目には復興計画を考えはじめ、2カ月後には、地主・借地人・旧居住者を集めて復興協力会を組織しました。

設立総会では、「最初に区画を整理して……みなさんと協力して道義的繁華街の建設を致したいと念願して居る次第であります」と述べています。

鈴木の「区画を整理」という言葉に、元のまま復興させるのではなく、新しい時代にふさわしく町をつくり変えようというビジョンを感じとることができます。「みなさんと協力して」という言葉には、当時、国主導ではじまろうとしていた全国の町づくりに対して、民が主体となって進めるという自律的な精神を見ることができます。このような民主導の復興はこの地だけだったと言われています。さらに興味を引くのが「道義的繁華街」という言葉です。「繁華街」というのは、人々に楽しみを与えたいということだと思いますが、「道義的」には、第一の喜兵衛である高松喜兵衛がつくったのが色町だったことに対しての反発があったのかもしれません。

鈴木は構想を明らかにします。その内容は、二つの大劇場、四つの映画館、子ども専用劇場、ホテル、日米合同の国際百貨店の建設など、まさに道義的繁華街にふさわしいものでした。さらに、消滅の危機にあった古典芸能を守るため、歌舞伎劇場・菊座の建設が計画されました。4階建て1850名収容の構想だったそうです。

相談相手になったのが、現代都市計画の祖と言われ、当時東京都の都市計画課長だった石川栄耀《ひであき》です。石川の発案で地名を歌舞伎町にすることになりました。歌舞伎町という名称が歴史に登場した瞬間です。昭和23（1948）年のことです。並行して、鈴木は当時の大地主であった峯島茂兵衛に土地を分譲してもらいます。

しかし、残念ながら、菊座の誘致は実現しませんでした。経済環境の悪さに加えて、連合国軍総司令部による大規模施設建設禁止令が原因となりました。

しかし、鈴木はあきらめません。昭和24（1949）年、西武新宿線が新宿に乗り入れ、歌舞伎町の西側に西武新宿駅がオープンしました。交通の起点を得た鈴木は、昭和25（1

950）年、新宿御苑が宮内庁から東京都に移管されたのをきっかけに開催されることになった「東京産業文化博覧会」の会場として名乗りを上げました。多数のパビリオンを設置する近代の博覧会にはお金がかかります。鈴木は私財をなげうつとともに、町民からも多額の資金を集めました。博覧会には東京中、日本中から多くの人が集まりましたが、大赤字を出してしまいました。町民の投資額の17％しか戻らなかったそうで、鈴木は破産し、会長を辞職し歴史の表舞台から消えることになりました。

しかし、博覧会の後の多くの建物が、地球座、ミラノ座、東京スケートリンク、新宿劇場、新宿グランドオデヲン座などに姿を変え、その後の歌舞伎町につながっていきます。そして、昭和31（1956）年、関西で電鉄と娯楽産業を経営していた阪急・東宝グループの創始者小林一三《いちぞう》が大阪・梅田にあった梅田コマ・スタジアム（梅田コマ劇場の前身）の姉妹劇場として、新宿コマ・スタジアム（後のコマ劇場）を開場しました。コマ劇場は、それまでに完成していた娯楽施設のなかでも、質と規模において群を抜くもので、これによって現在の歌舞伎町の形が整えられたことになります。鈴木喜兵衛の唱えた「道義的繁華街」がついに完成したといえるでしょう。

†「歌舞伎町＝性風俗の町」というイメージの誕生

１９５６年、その後の歌舞伎町の変化につながる象徴的な出来事が起きました。「売春防止法」の制定です。これにより、新宿２丁目の赤線が廃止され、そこに向かっていた客層が歌舞伎町へ流れこむようになりました。60年代も半ばになると各種飲食店、映画館、ボウリング場、サウナ、バッティングセンターなど多様な娯楽施設が建設されました。

その一方では、ラブホテルやトルコ風呂といった風俗施設が進出してきました。これらの風俗施設は、当初は、特殊な区域に限定された特殊な人たちが出入りする隠れた存在でしたが、80年代初頭「ニュー風俗店」と呼ばれる店が次々に進出するようになりました。風俗が多様化、一般化し、歌舞伎町の普通のビルのテナントとして入ってきました。

こうして、「歌舞伎町＝性風俗の町」というイメージが出来上がっていきます。

普通の人が出入りする地区に性風俗産業が成り立つという環境は、裏社会のビジネスチャンスにもつながります。バブル経済期の80年代は、景気の良さから多くの犯罪の温床となりました。バブル崩壊後の90年代になると、今度は景気の落ち込みから犯罪者集団同士の抗争もはじまり、歌舞伎町が危険な街としてみなされることになります。歌舞伎町にはもともと日本人ヤクザの縄張りがありましたが、次第に、韓国、台湾、イラン、中国系などのグループが入りはじめ、日本の暴力団を含めた激しい抗争を繰り広げました。94年、日本の暴力団の衰退の間隙をついて歌舞伎町に進出していた中国系マフィアの抗争事件、俗にいう青竜刀事件が起きました。悪質な客引きやぼったくりも日常化します。この頃から、歌舞伎町は普通の人は行けない町という評判が定着してしまいます。

そうしたなか、2001年には雑居ビルで火災が発生しました。死亡者44名、戦後5番目の大惨事となりました。風俗店も入った雑居ビルは、雑多な業者が入り混じることにより、避難路に物を置いて避難できなくなるなど、犯罪だけでなく消防上の問題も生じることが明らかになりました。

†歌舞伎町再生への動き

ついに、歌舞伎町を健全な町に再生する動きがはじまります。

02年に、23区初の女性区長として区長に就任した中山弘子が、犯罪と危険の町歌舞伎町との決別を宣言します。犯罪者集団との対決はとても勇気のいることですが、本気で取り組む姿勢に国や東京都が協力を申し出ます。

まず実施したのが警察・消防・入国管理局（入管）と連携したクリーンアップ作戦です。警察は犯罪の摘発、消防は消防法違反の摘発、入管は不法入国者の摘発を徹底的に行いました。歌舞伎町は、高松喜兵衛と鈴木喜兵衛という二人の喜兵衛の方針で、民間による復興と発展をしてきた町でした。しかし、犯罪が多発するような状況では、健全な民間の活動は阻害されます。民間が安心して商売できるようにするには、まず安全な環境をつくりあげる必要があります。

警察・消防・入管が連携することで、幅広い不法行為を取り締まることが可能になり、従来いたちごっこを繰り返してきた悪質な違法ビジネスを歌舞伎町から追い出すことができました。05年には、客引き行為を禁止する「東京都迷惑防止条例」が改正され、悪質な客引き達が一斉に摘発されました。以前は通行の妨げとなるほど多かった客引きの姿は歌舞伎町から消えました。

†店子を集める「第三の喜兵衛」プロジェクト

ただし、悪いものを取り去るだけではマイナスをゼロにするにとどまります。雑居ビルから違法テナントが退去するとその部屋は空き室になります。不思議に思えるかもしれませんが、違法テナントといっても、家主にとっては高額の賃料を払ってくれる優良テナントであることが多いのです。空き室になるとそのぶん収入が減ってしまいます。なかには、「多少怖いテナントでも家賃収入が入ってくるほうがまし」と考えるビルオーナーも出てきます。元の危険な町に戻さないためには、違法テナントが抜けた後に健全なテナントを入れなければなりません。

空き室に町にふさわしいテナントを入れることを家守《やもり》といっています。江戸時代に、長屋に店子《たなこ》を集め、管理し育成していた大家さんの正式名称が家守だそうです。当時、私は、銀行員として千代田区の空きビル、空き室に、千代田区にふさわしいテナントを集める仕事に携わっていました。千代田区ではこの活動を家守事業と呼んでいました。この事業を歌舞伎町で実施することになりました。2人の喜兵衛の方針を継ぐものとして、「第三の喜兵衛」というプロジェクト名がつけられました。その後、歌舞伎町関係者の努力で、実際に、飲食や医療系のテナントが次々に入ってきました。

違法テナントの退去後の物件ではありませんが、歌舞伎町にあった旧四谷第五小学校廃校舎に進出してきたのが吉本興業です。歌舞伎町のコンセプトが吉本興業のコンセプトによくあっているという考え方で、東京本社として使われています。

こうして民の力で発展してきた歌舞伎町ですが、発展初期に建設された民間施設は50年を経て、かなり老朽化しています。耐震性の問題もあり、建て替えが必要になってきました。2008年末には、歌舞伎町の象徴だったコマ劇場が閉館しました。現在、コマ劇場跡に、ホテルも入る新しい複合ビルが建設されることで計画が進んでいます。

もともと歌舞伎町は画家や文人もあつまる文化の町でもありました。多くの画廊やライブハウスも存在します。コマ劇場はなくなりましたが、鈴木喜兵衛や小林一三の理念を受け継ぐ大衆文化の灯はともし続けてほしいと願っています。

†新宿区のコーホート図からわかること

図37は新宿区のコーホート図です。

これによると、15〜19歳から25〜29歳の間が大きくプラスになっています。特に、20〜24歳は大幅なプラスです。これは、新宿が大学生の町である証拠です。区内には早稲田大学をはじめとして学生数の多い大学のキャンパスが多数ありますので、そうしたキャンパスに通う大学生が大量に流入しているものと考えられます。

大学卒業後に減少しないのも特徴です。大学生期に流入した人が全員残ることは考えら

図37　東京都新宿区のコーホート図（2005～10）

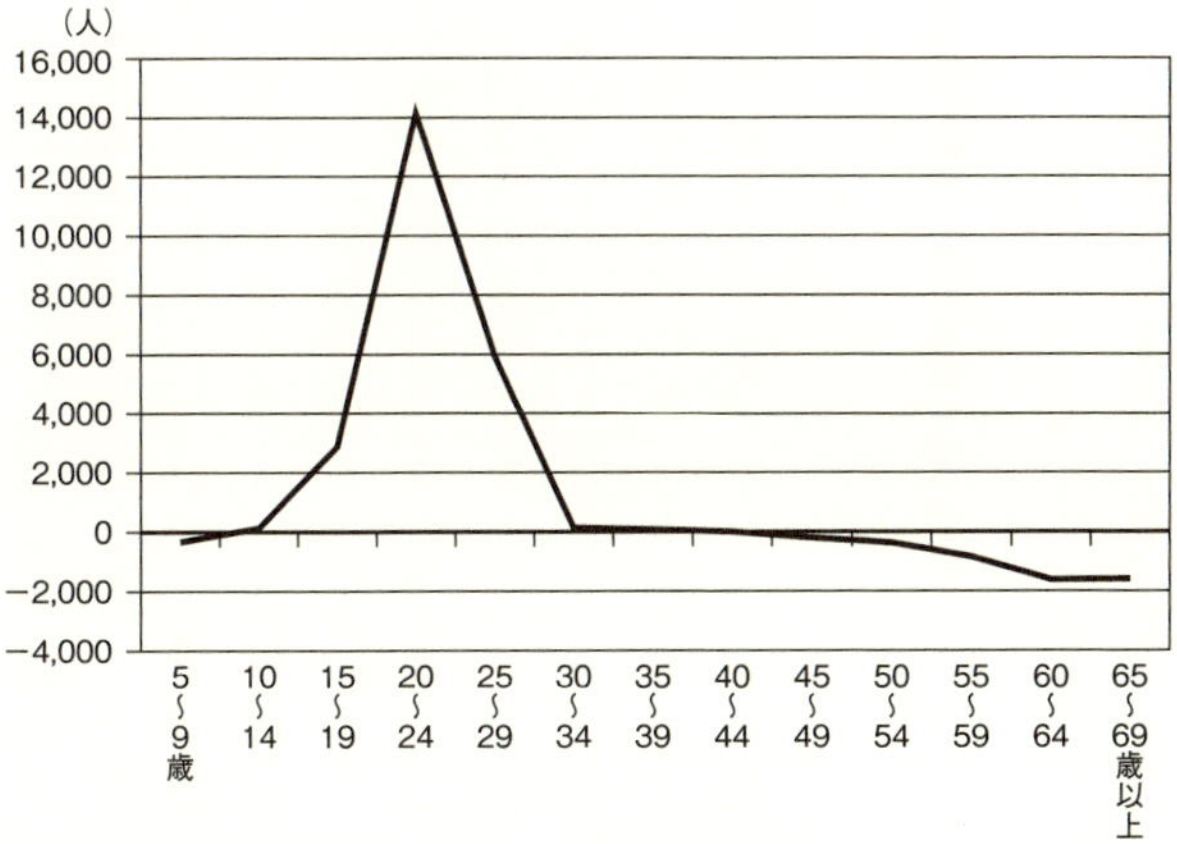

れませんので、ある程度の流出があっても差し引きプラスになるほど、多くの人が流入していることを意味します。30歳以上の子育て世代はあまりプラスになっていませんので、25～29歳の増加は、単身者の増加だと考えられます。大学卒業後の若者が、東京で働くための住まいとして新宿に流入しているものと推測されます。

ただし、本節は、新宿区全体ではなく歌舞伎町に関して述べましたので、歌舞伎町だけの数字を出さなくてはなりません。

ここでは本書ではじめて、市全域ではなく丁目単位のコーホート図を書きました。この図を使うことで、市全域について語っていたものを、もっときめ細かく考えることができるようになります。「何丁目の何歳の人が何人増えた／減った」ということがわかれば、その人は誰かということにもたどり着けます。コーホート図は率ではなく、実数で表示しています。率で示した方が良いという考え方もありますが、私は、実数で示した方が良いと思っています。理由は、一人一人をたどることができるという点にあります。

もちろん、国勢調査でも住民基本台帳でも個人情報である住民の氏名はわかりません。情報公開請求の対象にもなりません。ただ、公表データで年齢、性別はわかりますので、あとは町内会の方などにヒアリングしながら絞り込んでいけばたどり着けます。公共的な目的であれば、町内会の方も協力してくれるでしょう。何より、町の人自身が知るべき情報かもしれません。答えを見つけた段階では、その地域の細部まで把握できているでしょう。

†歌舞伎町で働き、住む若者が増えている

さて、歌舞伎町のコーホート図を見てみましょう。

図38は歌舞伎町1丁目と2丁目に分かれています。

図38　歌舞伎町の人口コーホート図（2005～10）

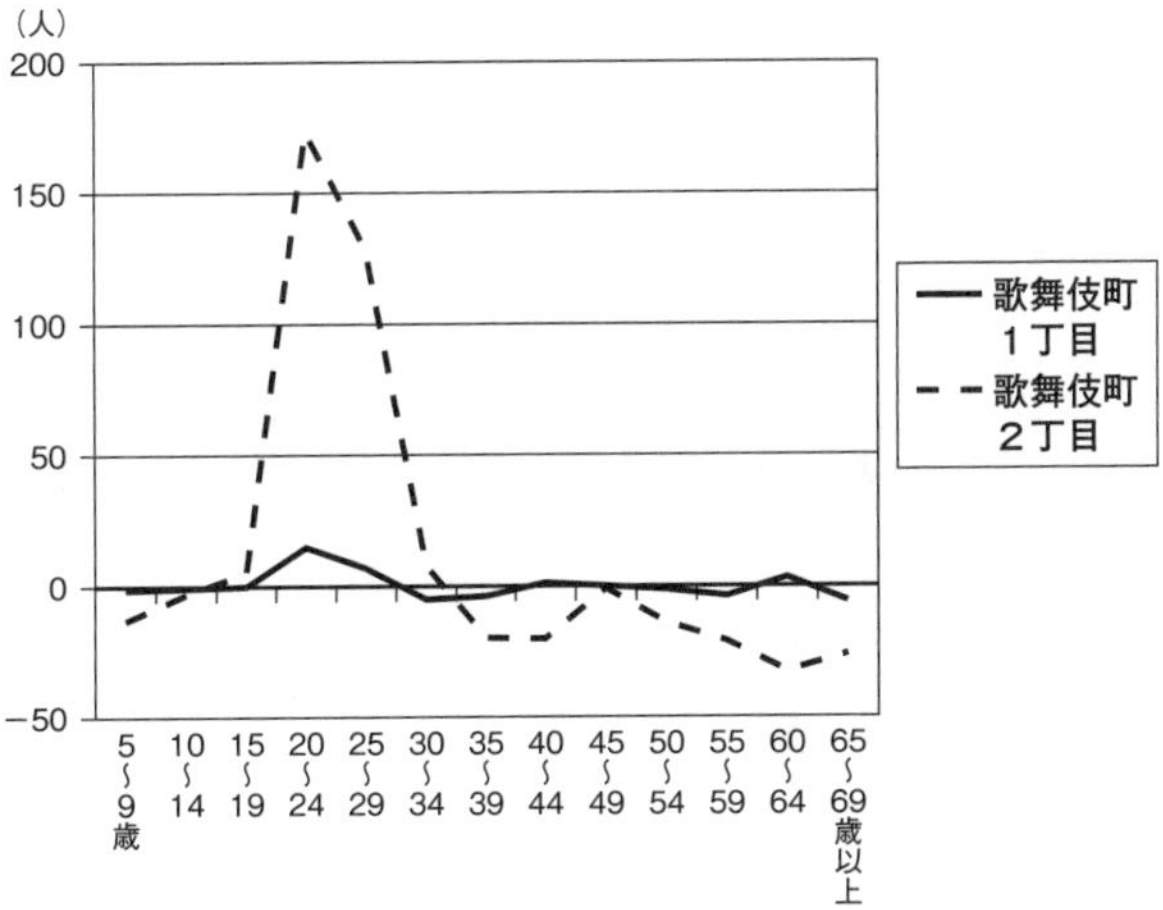

歌舞伎町１丁目は、西側にコマ劇場やシネシティ広場の興行街があります。東側には新宿区役所があり、区役所通りを渡ると新宿ゴールデン街があります。吉本興業東京本社の場所もこの地区にあります。それぞれの裏通りには、飲食店のほか、性風俗店、アダルトショップなどが密集しています。あまり人が住んでいるとは思えない地域ですが、２０１０年時点の人口が２６３人となっています。

歌舞伎町２丁目は、西側に都立大久保病院、ハイジア、東側にはラブホテル街が広がり、区役所通り付近はクラブ、ホストクラブなどがあります。１丁目との違いは、表立って性風俗店がないことで

図39　歌舞伎町の人口推移

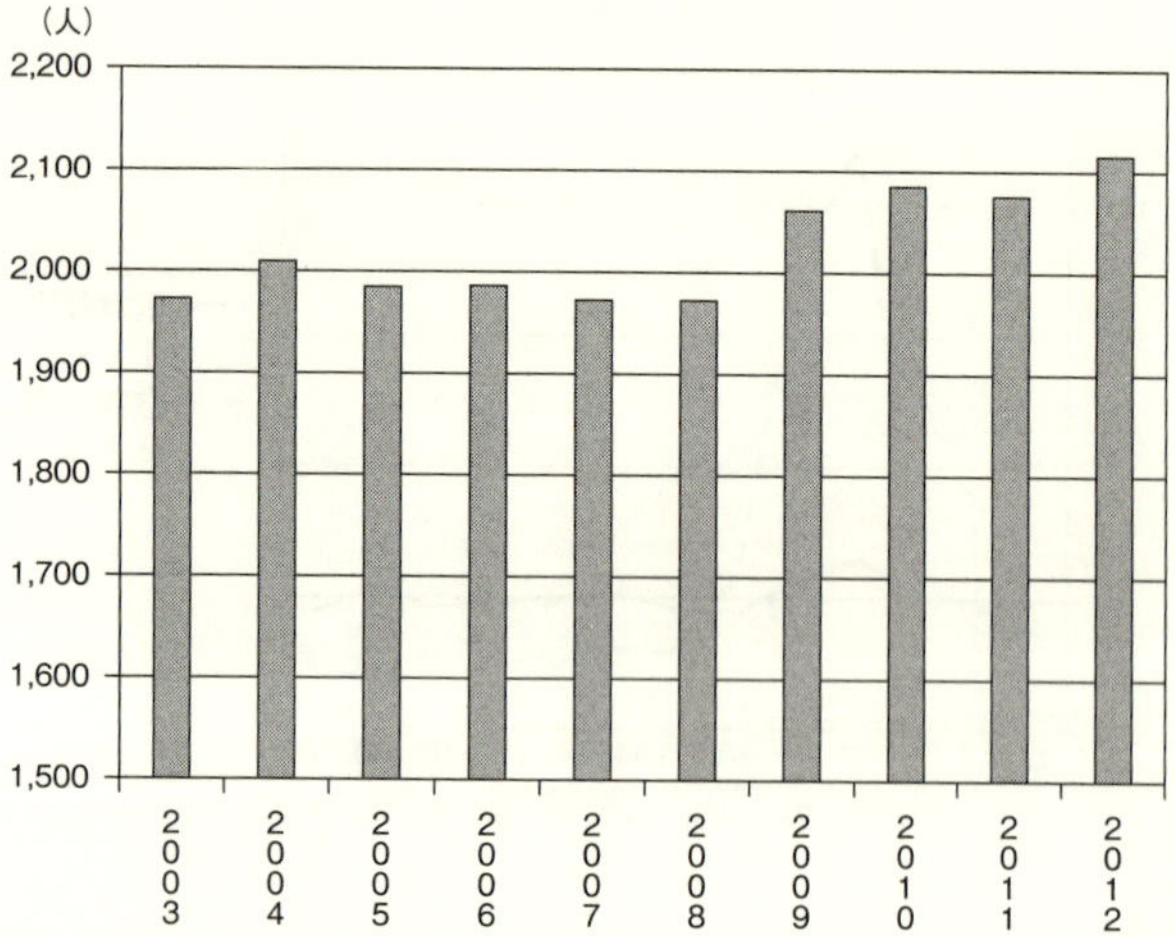

す。職安通り、明治通り沿いにはオフィスビルやマンションがあり、１丁目とはかなり違った様子です。北側には、韓国料理店や食品スーパーなどがあり、そのまま大久保につながっています。２丁目は飲食店もありますが、基本的には住宅が多く、人口も１８２３人と１丁目の７倍の人が住んでいます。

　コーホート図を見ていえることは、歌舞伎町も新宿区全体と同じように、20～24歳の増加が大きく、さらに25～29歳の増加もかなり大きなレベルにあるということです。わざわざ大学生や学卒後に他所で就職する者が歌舞伎町に住むということはあまり考えられません。新宿が便利だとしても、区内に住む場所はいくらでもあるからです。

となると、「歌舞伎町で働き歌舞伎町に住む若者が増えている」という仮説が成り立ちます。歌舞伎町は夜中まで活動している町なので、遠方から通うのは難しいでしょうから、職住近接で町内に住む人が増えるのは十分あり得ることです。

30歳以降も20歳代の流入ほどは減少していないのも興味深い事実です。20代で歌舞伎町に入ってきた人たちがそのまま住み続けているということになります。20代で入ってきて30代以降もさほど減らないとなると、人口全体が増えることになります。

図39は歌舞伎町の人口の推移です。増減がありますが、プラス傾向が顕著に現れています。クリーンアップ作戦の成果が現れ、ついに、人が住めるまでに戻した町だといえるかもしれません。

ただし、歌舞伎町の人口が増えている本当の理由は、ぜひ、読者のみなさんに考えていただきたいと思います。幸いにして今は安全な町です。ぜひ一度出かけて、住むにはどういう環境なのだろうと考えてみてください。

ケース⑥ テーマパークが変えた町

大阪市此花区【テーマパーク誘致】

東京都新宿区歌舞伎町が、娯楽によって犯罪者から人が住める町を取り戻そうとしているのに対して、娯楽によって工場地帯を変えようとしているのが大阪市此花区《このはな》です。

†此花区とはどういう場所か

大阪市此花区は、大阪市の中西部に位置しており、北側が淀川、南側が安治川に挟まれた地域です。

「おわりに」で触れますが、私は銀行員時代、ユニバーサル・スタジオを大阪に誘致するプロジェクトの企画段階を担当していました。集客施設は立地が大きく左右します。このプロジェクトが立地している場所は、大阪市北部の交通の結節点である大阪駅からJRで十数分のとても便利な桜島という場所にあります。大阪駅からそれほど近いなら、何の問題もないだろうと思っていましたが、地元の人からは、「大阪人にとっては『此花区桜島』は心理的にはかなり遠いのだ」といわれました。当時は工場地帯のど真ん中、とてもテーマパークにみなが遊びに行くような場所には感じられなかったかもしれません。

此花区はもともと西成郡に属する漁村でした。明治30（1897）年、大阪市の一部となり、その後、大正14（1925）年の市域の拡張の際に、当時の北区及び西区の一部を合体して此花区が生まれました。さらに、昭和18（1934）年には区域の変更によって、福島、西野田の地域が現在の福島区に分離される一方、西淀川区の伝法、高見地区が編入されて、現在の此花区となりました。

此花の名称は、大正14（1925）年に新しい区を創設する時に、それぞれの地元から自分の地域を推薦する案が多数出されたことに由来します。その際に、最後に収拾するために、古歌「難波《なにわ》津《つ》に　咲くやこの花　冬ごもり　今は春べと　咲くやこの花」から引用して名づけられたそうです。

産業面では、江戸時代に新田が建設され農業が盛んになりました。新田開拓者であった島屋市兵衛、常吉庄左衛門などは、今の地名にその名を残しています。

図40　大阪市此花区の位置

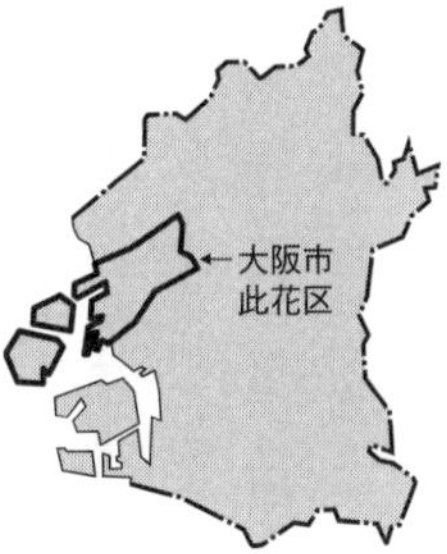

明治以降は、大阪湾に面する立地条件の良さを生かして、田畑には重化学工業の工場が建設され、海沿いには工場の資材や原料を積み卸しするための港がつくられました。

長らく阪神工業地帯の中心として活動してきましたが、徐々に、国内外に工場移転が進みます。特に85年のプラザ合意以降の円高の進展は、大阪の空洞化を進め、此花区でも工場跡地や低利用地が増えてきました。

†「ユニバーサル・スタジオ・ジャパン・プロジェクト」の始動

ユニバーサル・スタジオの日本進出の話が出はじめたのがこの頃です。ユニバーサル・スタジオの権利を持っていた米国ハリウッドの映画会社のMCA社は、すでに日本に進出していたディズニーランドが大成功を収めていることを知り、ユニバーサル・スタジオの可能性にも自信を持っていました。

その一方で、日本一の鉄鋼会社である新日本製鐵が、自社の多角化と工場用地有効利用の観点からテーマパークに関心を抱き、MCA社と「ユニバーサル・スタジオ・ジャパン・プロジェクト」の企業化可能性の調査をはじめました。88年、新日鐵はプロジェクト用地として自社の堺《さかい》製鉄所を推薦しMCA社を案内します。しかし、MCA社は立地条件が悪いとして難色を示します。また新日鐵自身にも、当時のバブル経済の進展やソフト開発費によって工事費が非常に高くなっていたことで、進めづらい状況が生じていました。こうして、堺への誘致は破談となりました。

この時点で、大阪市は、大阪市内に誘致する意思を固めてMCA社幹部に接触します。最初に提示した大正区鶴浜《つるはま》の埋め立て地は土地が狭く交通の便が悪いことで拒否されましたが、当時民有地であった此花西部臨海地域を提示したところ、MCA社から広さも交通の便も十分との感触を得ました。その後、両者で数年間の検討の結果、93年大阪市は正式にユニバーサル・スタジオの招請を決定します。一連の大阪市の行動は、民間企業のような機敏さであり、タイミングを失することなく検討を進めた点は、高く評価できると思います。

この間、90年には松下電器産業（現パナソニック）がMCA社を買収しました。89年に行われたソニーによるコロンビア社（現ソニー・ピクチャーズ）の買収と同じように、ハード技術で優位に立つ日本企業がソフトの充実を図ったものだと考えられています。

93年、大阪市の呼びかけで、MCA社、親会社の松下電器産業、此花西部臨海地域の地権者などが参加して官民での検討がはじまりました。94年、進出先を此花西部臨海地域にすることが正式決定され、事業の推進役として、大阪ユニバーサル企画株式会社が設立されました。大阪市が22％出資する第三セクターでした。

松下電器産業のＭＣＡ社買収は期待通りとはいかなかったようで、95年にカナダのシーグラム社に持株を売却しますが、テーマパークとしてのユニバーサル・スタジオの展開は従来通りＭＣＡ社が主導権を握っていました。この頃、進出予定地の大手土地所有者だった日立造船桜島工場が閉鎖し、熊本の有明《ありあけ》工場に移転すると発表しました。予定地が期待通り使えるようになったことから、大阪市は区画整理事業の事業決定をします。

96年、大阪ユニバーサル企画株式会社を母体にして、事業会社である株式会社ユー・エス・ジェイが設立されました。ついにユニバーサル・スタジオが、大阪の官民連合による巨大プロジェクトとしてはじまりました。

私は、この時点で日本開発銀行大阪支店企画調査課長として赴任しました。事業の意義を整理し、問題点を発見し、関係者と調整して必要な条件を整えて、融資部門に引き継ぐのが役目でした。

すでに赴任する前に、「このプロジェクトは必ず成功させなければならない」という思いがありました。自分自身が以前から世界のテーマパークを研究し、赴任直前の95年には、テーマパークのノウハウを地域や産業に広げるという趣旨の『マルチ エンターテイメント ビジネス』（ダイヤモンド社）という本を出版していました。その本の中で、ユニバーサル・スタジオの可能性を高く評価していました。まずは、なぜ、そう考えていたのかをお話ししましょう。

✝ディズニーランドは巨大なショッピングセンターである

ユニバーサル・スタジオの前に日本で成功していたのが、オリエンタルランド社が運営している東京ディズニーランドでした。ディズニーランドのアトラクションは建設費も維持運営費もとても高価なもので、アトラクションの利用料だけでは採算をとることはできません。では、なぜ事業として成功していたのでしょう。

それは、飲食販売や商品販売（おみやげ）の支出が助けになっているからです。現在のオリエンタルランド社の売上のうちチケット収入は4割にすぎません。それに対して飲食販売は1人あたり2205円、商品販売は1人あたり3796円です。お年寄りも小さな子どもさんも含めたうえでの平均的な単価ですから、驚くべき高さだと思います。

つまり、ディズニーランドは巨大なショッピングセンターなのです。しかし、単に商品

図41　映画館とテーマパークのビジネスモデルの比較

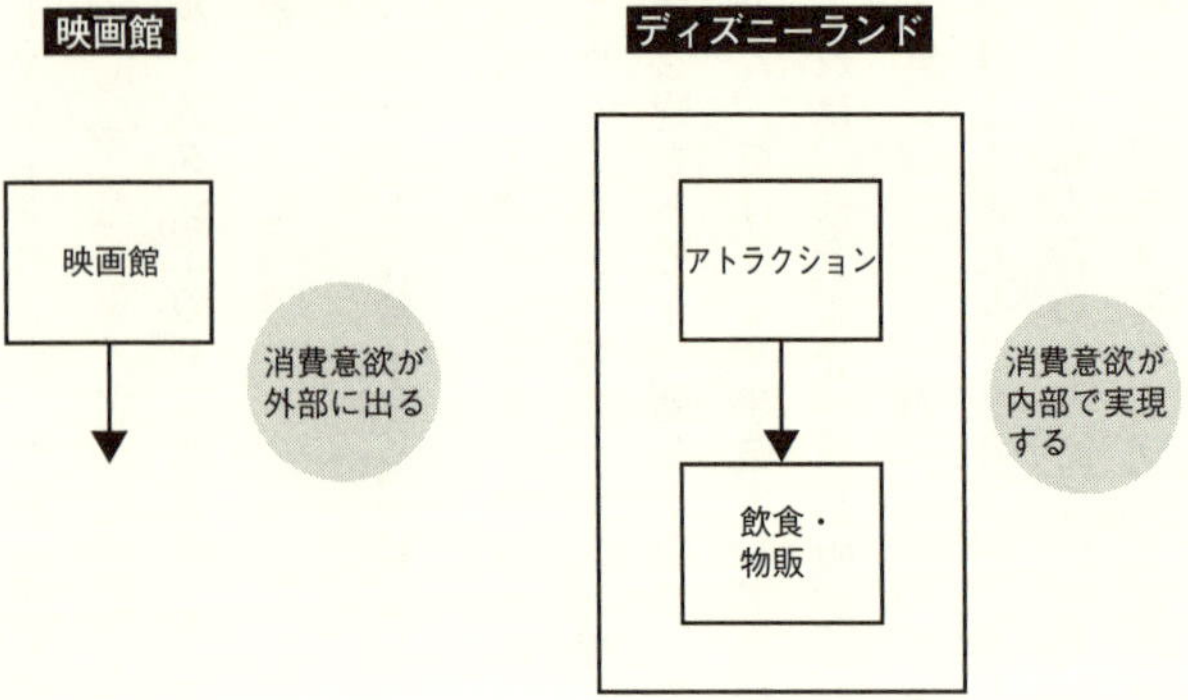

が展示されているだけでは、お客さんは限られるでしょう。売上もたいして伸びるとは思えません。お客さんに何千円も支出させる装置が必要です。それがアトラクションなのです。

図41は、映画館とディズニーランドのビジネスモデルを比べたものです。

左側が「映画館」です。優れた映画は観る人に興奮と感動を与えます。その人は映画に関する商品を購入したり、映画の感動を分かち合うために一緒に観た人同士で喫茶店やレストランに行きたいと思うでしょう。

しかし、少なくとも昔の映画館は一度上映場を出ると、周りはまったく映画と関係のない空間でした。昔の映画館の多くは薄汚く、暗く、感動を追体験する場ではありませんでした。せっかくの消費意欲は薄れるか、外部に漏れだしてしまいます。ビジネスとしては失敗です。ウォルト・ディズニーはそのように考えました。

右側はディズニーランドです。ディズニーランドのアトラクションは映画館の映画と同じ興奮と感動の発生装置です。映画館と異なるのは、そこから発生するエネルギーを外部ではなく内部にとどめるために、ディズニーランドには園内に多数のショップやレストランがあることです。アトラクションを体験して発生した興奮と感動をきっかけに、ショップやレストランに誘導されます。これがディズニーランドのビジネスモデルです。

ただし、興奮と感動の発生装置としてのアトラクションには条件があります。それは、あらかじめお客さんがキャラクターを知っていることです。見たことも聞いたこともないキャラクターが登場すると、お客さんはそれがおもしろいのかどうかを見極めようとします。冷静な状態では、多くの場合つまらないと判断してしまいます。そうなると消費にはつながりません。以前、各地で開催された地方博では、博覧会のために多くのキャラクターが開発されましたが、今、生き残っているものはほとんどありません。お客さんに記憶され消費に結びつけるというのはとても難しいことなのです。最近、ご当地の〝ゆるキャラ〟がブームになり、多少は大目に見てくれますが、それでも市民の記憶に残るようになるには時間がかかります。また、認知してもらったとしても、何千円もふところから出してくれるほど甘くはありません。

ディズニーランドのアトラクションには、1920年代以降のディズニー映画の長い歴史が存在します。アトラクションを体験している人は、ミッキーマウス、白雪姫、ダンボなどの長い歴史の最終成果物を体験しているということになります。ディズニー社がこうしたキャラクターやストーリーを開発するには、累積何兆円もの費用をかけてきたはずです。私たちは、その蓄積を手軽に体験できるのですから、大変恵まれていると言えます。

†映画産業という成功の基盤

映画産業の蓄積の薄い日本のテーマパークは、ディズニー映画のようなストーリーやキャラクターの源泉を持っていません。それをゼロから開発してもお客さんに認知してもらうのは簡単ではありません。ましてや、バブル期の高い工事費とバブル崩壊後の低い収入という収支のアンバランスの中で、日本のテーマパークは時間的余裕を与えてもらえず、多くのパークは計画段階のプロジェクトを含めて頓挫していきました。

当然、ユニバーサル・スタジオにも同じ心配がありました。総額2000億円近い巨大なプロジェクトですから、心配するなという方が無理です。私が大阪に赴任した時点では、銀行の内外に心配する人が多数存在するという状況になっていました。

私は、まず自分自身が成功を確信するという作業から入りました。予定地は、関西圏という人口が集積した商圏の中心地という立地条件に恵まれていました。当時は工業地帯でしたが、ディズニーランドが古くからの漁村だった浦安を変えたように、完成すればまったく新しい地域イメージができあがることにも確信がありました。ただし、成功すると考えた最大の理由は、ユニバーサル・スタジオにはディズニー同様に映画産業という基盤があるという点です。

MCA社は、米国ロサンゼルスに巨大な映画スタジオを持っています。この地で撮影されたさまざまな映画は、ソフトとして蓄積されています。その厚みは映画会社であるディズニー社にまさるとも劣りません。ユニバーサル・ピクチャーズは、1915年には、現在のテーマパークの原型とも言えるサービスをはじめていました。そこでは撮影所を訪れた人々がスタジオから提供される弁当を食べ、野外観覧席に座って、サイレント映画がつくられていく様子を楽しむことができるようにしていました。米国のディズニーランドができる40年も前です。64年には、テーマパークとしてのアトラクションを多数並べた現在の形のスタジオツアーを開設しました。専用のアトラクションをつくることは、アトラクションの制作技術を発展させ、それをさらに映画にも応用するという繰り返しで、両部門を発展させせました。

90年に開業したユニバーサル・スタジオ・フロリダは、ユニバーサル・スタジオにとってはじめてテーマパークのためにつくった施設でしたが、大成功していました。映画をテーマにしたテーマパークをスタジオツアーと呼びますが、その先駆者はユニバーサル・スタジオです。ディズニーはユニバーサル・スタジオ・フロリダに刺激を受けて、フロリダのディズニー・ワールドにディズニーMGMスタジオというスタジオツアーを建設しました。しかし、スタジオツアーだけを比べると、ディズニーは後発であり、おもしろさの点でもユニバーサル・スタジオに軍配が上がっていました。ユニバーサル・スタジオ・ジャパン・プロジェクトを検討する段階では、すでにこうしたことがわかっていました。

テーマパークの最大のリスクはお客さんが入らないことです。どんなに自信があってもお客さんが入らないことには話になりません。また、最初はお客さんが入っても、次第に飽きられてきます。そういうときに、お客さんが入るようなアトラクションを追加していくことになります。そういうアトラクションを提供し続けるには、その源になるものが必要です。それが映画やTVドラマソフトです。

ソフトとアトラクションの技術を組み合わせれば、魅力的なアトラクションができます。東京ディズニーシーにあるタワー・オブ・テラーというアトラクションは、技術的にはフリーフォール（自由落下）ですが、単なるフリーフォールではなく『トワイライトゾーン』という米国のテレビドラマを背景に持っています。ドラマをモチーフにした古いホテルの外観や内装が体験する人の興奮と感動をいやが上にも盛り上げます。ユニバーサル・スタジオのジュラシック・パーク・ザ・ライドは映画『ジュラシック・パーク』と急流すべり、バック・トゥ・ザ・フューチャー・ザ・ライドは映画『バック・トゥ・ザ・フューチャー』とシミュレータという組み合わせです。

このように、ディズニーにもユニバーサル・スタジオにも、その源としてのソフトがありました。最初からお客さんを引きつけることができるし、アトラクションを追加するときにも、次々と新しいアイデアを具体化することができます。こうしたシステムを持っていないテーマパークが失敗するのは、ある意味必然的なことです。

これに比べてしっかりしたシステムを持っているユニバーサル・スタジオには、お客さんは間違いなく入ると思いました。

まずは、アトラクションの中身がわかるようなビデオを用意してもらって、消極的だった関係者に見せて回りました。アトラクションの魅力が本当に良くわかる良いビデオでした。これを見た人は全員がおもしろいと感じました。なかには、「これはおもしろいが次第に飽きられるのではないか、そのときに追加投資のアイデアはあるか」と鋭く聞かれたこともありました。すでにロスやフロリダで実現しているアトラクションもあるし、それ以外にもソフトを多数持っているので心配ないと答えました。

ちなみに、ディズニーもユニバーサルも自社のソフトだけでテーマパークを作っているわけではありません。他社のソフトを使う権利を購入してアトラクションにしています。そうした実績も評価されました。

†どのように集客のリスクをとるか

もう一つ心配がありました。万一途中でお客さんが入らなくなった場合に、源泉を持っているユニバーサル・スタジオ社（この時点ではこの社名になっていました）が、ユニバーサル・スタジオ・ジャパンの魅力を、責任を持って維持するかどうかという点でした。この点に関しては、それまでの金融の世界では、経営を支援するというレターを書いてもらう程度であり、その不十分さがバブル崩壊後に明らかになっていたので、心配する人たちを説得するには至りませんでした。

確かに、「大丈夫だろう」ということと、「万一大丈夫でないときにどうするか」ということは別の問題です。残念ながら、この問いに関してはこの時点では私自身は答えを持っていませんでしたが、案件を引き継いだ融資部門がすばらしいアイデアを出してくれました。

それは、ユニバーサル・スタジオ社が集客のリスクを最初にとるというものです。細かくは書けないのですが、お客さんを集めて成功させなければユニバーサル・スタジオ社にはメリットが出ないが、努力してお客さんを集めれば十分に儲かるという仕組みをつくりました。ハイリスク、ハイリターンです。その複雑な仕組みを実現するため、「プロジェクト・ファイナンス」という方法を使いました。集客施設に対するプロジェクト・ファイナンスは世界でも初めてでしたので、その年の英国の金融専門誌『ユーロマネー』の年間優秀賞を受賞するような立派な案件になりました。

企画調査課長の仕事は、実際にできあがるのを見届けることはできません。私が本店に転勤後の2001年ユニバーサル・スタジオ・ジャパン・プロジェクトは「ユー・エス・ジェイ」としてオープンしました。初年度の入場者は予想をはるかに上回りました。2年目以降は不祥事もあり期待外れになりましたが、そういうことを見越しておいたことが功を奏して、ユニバーサル・スタジオ社出身の米国人社長を筆頭にして役員、従業員の努力で経営は上向き、安定していきます。7年目の07年には念願の上場（東証マザーズ）を果たしています。

しかし、借入金が多かったことから、アトラクションを次々に追加するような積極的な経営ができませんでした。そこで、借入金を減らすために、05年には借入金の代わりに優先株を導入するリファイナンスを実施し、さらに09年には投資家（ゴールドマン・サックス・グループ）からの新たな投資を受け入れることになり、上場を廃止しました。もちろん、その魅力があったから可能になったものです。投資家から見た利益率であるROE（Return on Equity／株主資本利益率）という指標を使って、上場廃止直前の業績をみると、オリエンタルランドをも大幅に上回っていました。映画産業というきちんとしたバックグラウンドを持ったテーマパークは、ビジネスとしても成功できることが明らかになりました。

†周辺に起こる関連産業

もう一つ、私が半ば個人的な思いも含めて期待していたことがあります。それは、ユー・エス・ジェイの周辺に映画関連の産業が立地することです。

私は大阪に赴任する前に、米国のスタジオを何回も視察していました。本家のロサンゼルスのスタジオは、最初から映画スタジオとして発展していたので、映画産業とテーマパークは完全に共存しています。一方、フロリダ州オーランドにあるユニバーサル・スタジオは、別の企業の所有地をテーマパークのために買いとったものでしたので、もともと映画産業は立地していません。しかし、テーマパークが運営をはじめると関連企業が立地するようになりました。

私は、93年に一度これらのオフィスを訪れたことがあります。映画のプロデューサー、脚本家、照明や機材のメーカーやリース業者、衣装のレンタル屋、画像編集業者などの事務所が立地していました。ユニバーサル・スタジオだけでなく、他の映画会社のための仕事をしている会社が多かったようです。スタジオにはユニバーサル・スタジオ自身の制作部門がありますが、こうした下請け企業にも仕事が発生し、また、彼らの存在がスタジオを支えていることがわかりました。ユニバーサル・スタジオ・フロリダの周辺の成長は、そのまま此花区の将来像を期待させるものでした。

もちろん、ユー・エス・ジェイはあくまでもテーマパークであり、ユニバーサル・スタジオ社の映画スタジオがあるわけではありません。しかし、アトラクションを制作し維持し運営するうえでのノウハウがあれば、それに関連する産業がいずれは起きてくる可能性はあると思いました。

†テーマパーク開業の地域への影響

さて、以上の歴史と経緯を踏まえて、此花区の現状を考えたいと思います。

図42はコーホート図です。

２０００〜０５年では、20〜24歳が若干プラスである他はすべての世代でマイナスになっています。05年はすでにユー・エス・ジェイが開業していますので、20〜24歳の若手社員が区内に移り住んでいることが推測されます。05〜10年では、すべての年齢層で上方シフトし、特に、30歳以降の子育て世代の流入が大きくなっています。ユー・エス・ジェイ開業後に、人の流れが逆転したことがわかります。これがユー・エス・ジェイの波及効果

図42　此花区のコーホート図

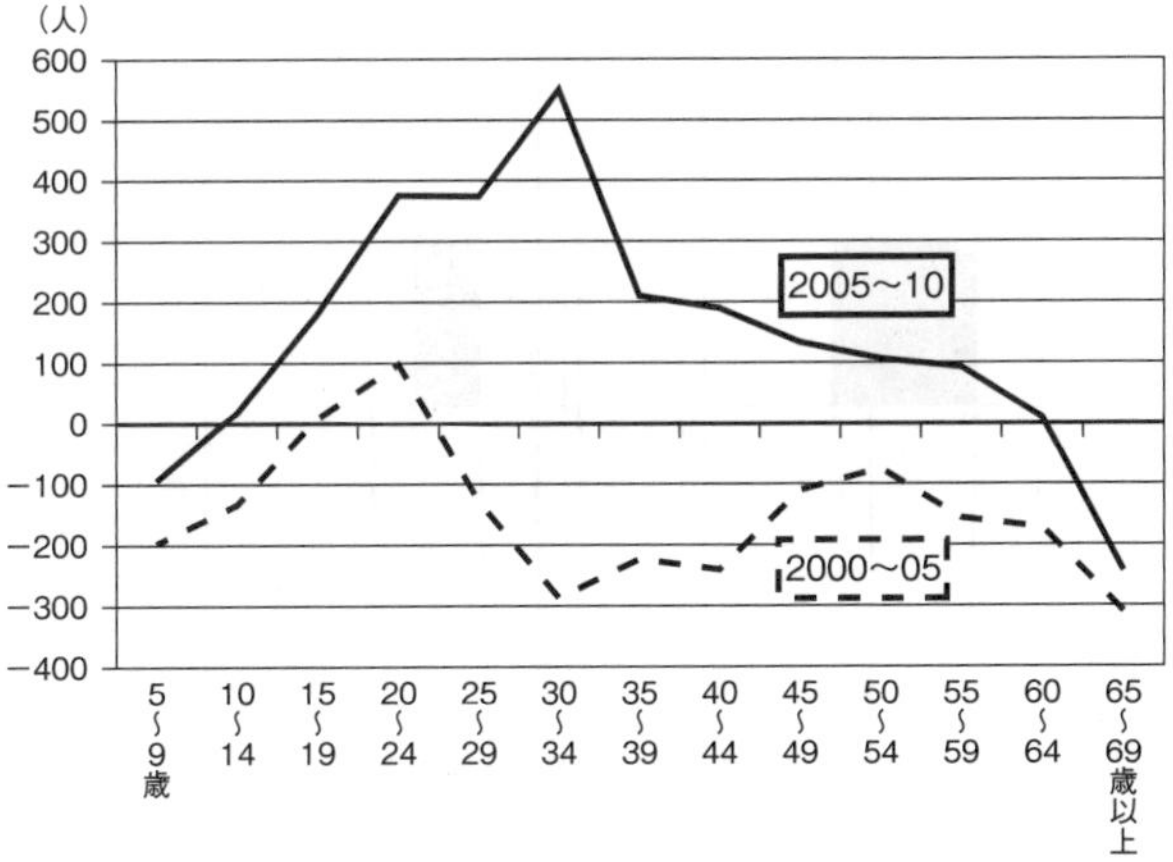

だとすると大きな成果だといえます。

流入してくる人たちの動機を知ることはできませんが、そのヒントを得るのが経済センサスの業種別内訳です。

図43は、立地条件と総従業者数がほぼ等しい此花区と港区（大阪市）を比較したものです。経済センサスの従業者の大分類で比較しています。これによると、総従業者数が大きな港区よりも従業者数が上回っている業種がいくつかあります。

特に「製造業」と「生活関連サービス業、娯楽業」の大きさが際だっています。「製造業」はもともと此花区を支えていた基幹産業です。構造転換が進んだ現在でも、通信に用いる「電線・ケーブル製造業」や

図43　此花区と港区の業種別内訳

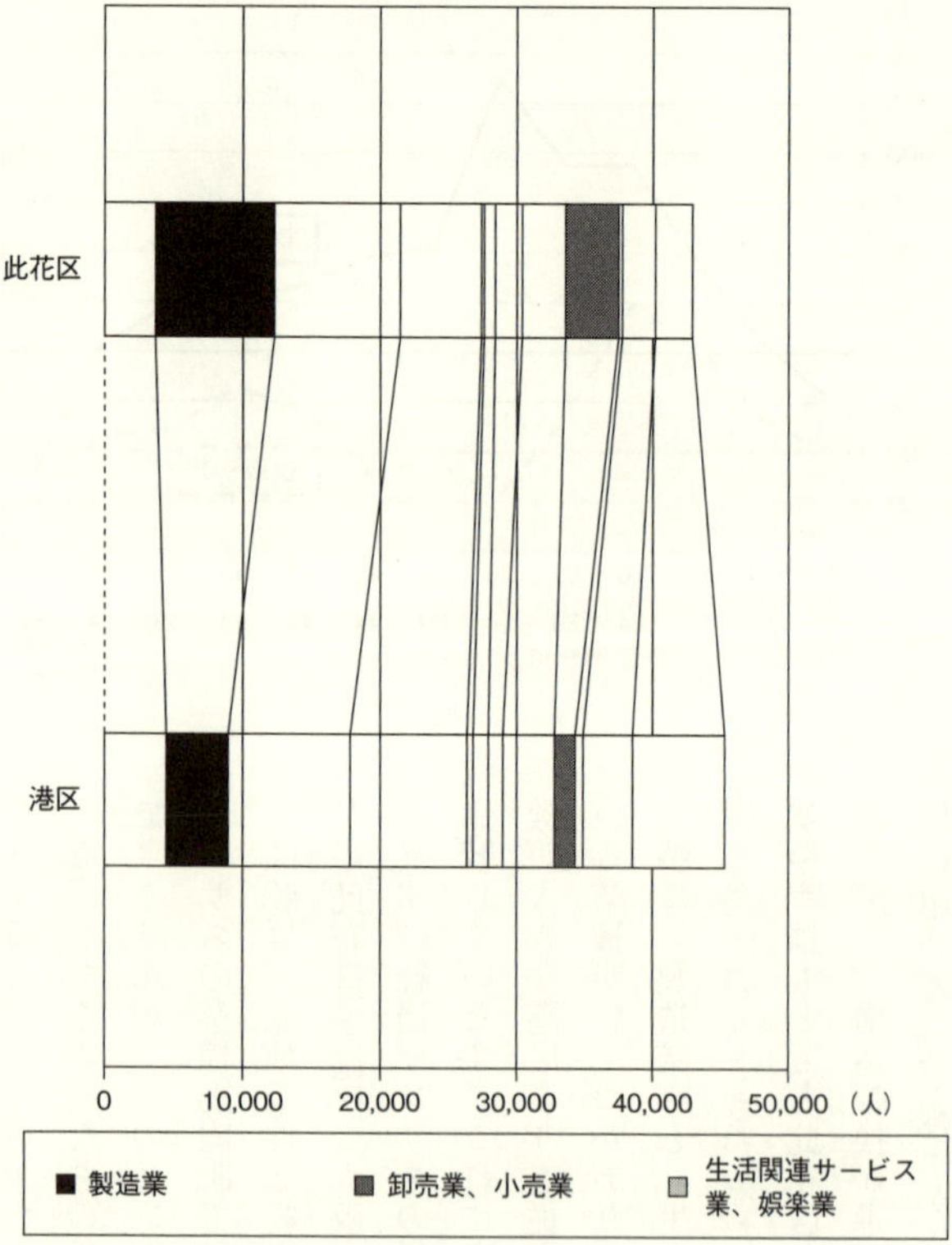

「自動車部品製造業」の大工場が操業しています。

ユー・エス・ジェイは「生活関連サービス業、娯楽業」のなかに入っています。このうち「生活関連サービス業」には洗濯業、美容業、冠婚葬祭業など、「娯楽業」にはスポーツ施設、公園・遊園地、遊技場（パチンコホール、ゲームセンター）などがあります。ユー・エス・ジェイは「公園・遊園地」です。

図44は、大阪市全体の「公園・遊園地」の区別の従業者数内訳です。

図44　公園・遊園地の区別従業者数内訳（人）

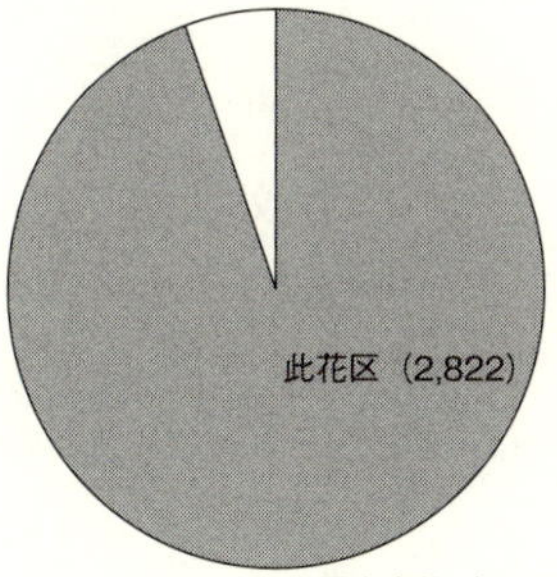

大阪市全体では2986人が従業していますが、その大半の2822人が此花区です。ほぼすべてがユー・エス・ジェイだと思います。ちなみにユー・エス・ジェイの正従業員は数百人程度ですが、数千人の契約社員、非常勤社員がおり、その存在がこの数字を押し上げているのだと思います。
歌舞伎町の祖鈴木喜兵衛が目指した〝道義的繁華街〟は、この地大阪市此花区で花開いたといえるかもしれません。

問題は、テーマパークの仕事が周辺の地域に広がっているかどうかです。テーマパークの周辺に成立しそうな産業をみると、宿泊業（563）、飲食店（2410）は多いものの、新たに創造されると期待される産業としては、放送業（3）、情報サービス業（236）、映像・音声・文字制作業（3）、デザイン業（3）、著述・芸術家業（0）、広告業（1）、写真業（129）程度であり、他区に比較して多いとはいえません。

残念ながら、雇用創出は進んでいるものの産業創造には至っていないようです。此花区とユー・エス・ジェイには、テーマパークとしての成功に安住することなく、映像などの新産業の創造という大きな役割を果たしてもらいたいと思います。

ケース⑦ **高齢者も若者も来る町**

長野県下條村・北海道伊達市【地域経営】

2012年3月末にNHKスペシャル「シリーズ日本新生『橋が道路が壊れていく…インフラ危機を乗り越えろ』」という番組に出演する機会がありました。

1960年代、70年代に整備された日本の公共施設、インフラが、今いっせいに老朽化しはじめています。放置すると物理的に崩壊し、今あるものをそのまま残そうとすると財政破綻という厳しい道に自分たちを追い込んでしまっている日本人。明日の世代に悲惨な未来を残さないようにするために、今何をすべきか。それを考えることが目的の番組でした。スタジオには巨大なモニターがおかれて、その画面には全国からネットで出演している自治体のトップや担当者、地域住民が映し出され、各人の意見を聞けるようになっていました。

私はスタジオで出演していましたが、全国からの出演者のなかでひときわ注目されたのが、長野県下條村の伊藤喜平村長でした。偶然ですが、ケース⑤で取り上げた新宿歌舞伎

図45　長野県下條村の位置

町を作った「2人の喜兵衛」さんと同じ読みのお名前です。

下條村は、長野県の下伊那《しもいな》郡にあります。村には大山田神社という有名な神社が置かれ、奈良時代より開拓されていました。江戸時代には14あった村が、明治8（1875）年と明治22（1889）年の2回にわたって合併して現在の下條村が誕生しました。

村名の由来は、室町時代のはじめに甲斐国からこの地に入り、室町中期から戦国期に栄えた下條氏という武士です。7代当主の下條氏は、文武に勝れ、信濃守護職小笠原氏の代官として活躍するとともに、京都方面から宮大工、仏師、軍師など多くの文化人を招きました。大山田神社と古城八幡社の社殿は、室町時代の様式を伝える歴史的価値の高い重要文化財に指定されています。当時、下條村は地理的に他の市町村と隔絶されており、独自の文化や産業を形成する環境にあったと言えるでしょう。

†インフラを活かす二つのアイデア

こうした環境で、自律的な発想がはぐくまれた下條村では、現在、伊藤村長のリーダーシップのもと、限られた財源のなかで村のインフラにできるだけお金がかからないように工夫しています。テレビでは二つのアイデアが紹介されていました。

まず第一に、建設資材事業です。これは、「日常生活に密着した生活道路の舗装など軽易な土木作業を、住民自らの手で実施する場合、村が作業に必要な資材を支給したり、重機の燃料代を支給する」事業で92年度から実施しています。

ご多分にもれず、村は財政難です。集落のなかの生活道路の舗装まではなかなか手が回りません。優先順位をつけると、どうしても後回しになってしまいます。そこで考えたのが、材料・燃料を村が支給する代わりに、住民が自分たちで舗装するという方式です。テレビでは、最初は当惑していた住民が、総出で道路を舗装することで次第に連帯

図46　下條村の建設資材支給事業
（道路舗装）

感を増す、文字通り村づくりに邁進している姿が放映されました。

第二は、下水道分野での合併浄化槽の利用です。下水道の種類としては、太い本管を地域中に張り巡らせ、そこから家庭まで通す支管をネットワークして、処理場で処理する「公共下水道方式」が望ましいとされてきました。しかし、公共下水道方式は大規模な投資を必要とします。国からの補助金が大きいとはいえ、元の工事費が大きいので地元負担も多額になってしまいます。

大多数の自治体が、常識のように公共下水道を整備しているなか、伊藤村長は負担の小さな「合併浄化槽方式」を選択します。合併浄化槽は、浄化槽の負担を軽くするために、流しの水の流し方一つにも気を遣わないといけません。テレビでは、定期点検に訪れた検査業者から、「きれいに使っていて設備が長持ちする」といわれて喜んでいる住民が映っていました。

†「自分たちの村は自分たちでつくる」という発想

こうした活動は「おらが村」の発想だと思います。他人に頼るのではなく、自分たちの村のことは自分たちでやるとの考え方です。2004年、市町村合併を検討していた同村は最終的に合併しない道を選択します。そのとき伊藤村長は、村のホームページで以下の通り述べています。

飯田下伊那地域は、全国でも稀に見る合併しても効果が出にくい地域であります。下條村としても合併研究委員会において検討を重ねた結果、ここ10年来の徹底した行財政改革と資材支給や合併浄化槽等の村民参加の促進によって、仮に地方交付税が4割削減されてもゆるぎない財務体質となっており、自律的な自治体構造が既に完成しているという認識に至りました。3回の地区懇談会を経て、本年2月に、20歳以上の全ての村民3279人を対象にアンケート調査を実施したところ、2865人（回答率87％）の方からご回答をいただき、自立（律）に賛成が2110人（74％）、反対が110人（4％）とほとんどの方が自立（律）を望まれているという結果が得られました。この結果を重く受け止め、本日この合併研究委員会において、下條村としては現在のまま自立（律）でいくよう全会一致で決定されましたことを、村民の皆様にご報告申し上げます。

二つの方法によってインフラの財政負担を軽くした村は、他方では公営住宅を建設しています。公営住宅は、公共施設のなかでも財政負担の大きな種類の施設です。私は、民間賃貸住宅の多い都市部の公営住宅は廃止して、民間アパートへの家賃補助に切り替えるべきと提唱しています。それによって節約された財源を、老朽化した学校の建て替えや橋の架け替えに使うべきと考えています。

しかし、下條村では、積極的に公営住宅を建設しました。都市部と違って民間アパートが少ないこともありますが、道路の舗装や合併浄化槽方式による節約分を使って、U、Iターンを考えている若者に村に定住してもらうことが目的です。

図47　下條村営若者定住促進住宅

名称も「若者定住促進住宅」にしました。2LDKで約60平方メートル、ウォークインクローゼットと1Gbの光ケーブルを備え、家賃は隣接する都市である飯田市内のおよそ半額ですが、その代わり、村の行事への参加や消防団への加入など地域活動への参加が義務づけられています。

このように、自分たちで大事だと思うことを選び出し、そこに予算を集中して、その代わりに他の部分は身の丈に合った程度に抑えていくという「選択と集中」の姿勢は、理想的な自治体経営だと思います。

意思決定のスピードの重要さ

テレビで村長が最後に話したことは、さらに印象的でした。「選択と集中」は、不利益をこうむる住民が反対するので難しいという議論になった際に、「(下條村では)賛成する意見が多ければ全員でなくても先に進めさせてもらっている。その割合は6割ぐらいである」と語っていました。

日本の自治体は、少しでも反対者がいる限り、なかなか先に進めようとしません。多くの場合は全員合意、少なくとも8~9割の賛成を前提にするでしょう。そうでないと、議会や市民団体は、「強権的だ」「民主主義に反する」と非難するでしょう。リコールされるかもしれません。しかし、新しい政策の合意を得る間に、期待していた効果がどんどん小さくなっていくということが起こります。第1章で「地球規模の地域間競争」と表現しましたが、合意を得たときは、すでに競争は終わっていたということもありえます。

下條村のケースは、「過半数程度での合意でも政治家として進めるべきことはある」「生じた問題は進めるなかで修正していく」というきわめて合理的な発想だと感じました。当日テレビを見た人には、新しい政治の姿を感じとった人も多いと思います。

†若者も高齢者も集まる村

さて、下條村の政策の成果をコーホート図でみてみましょう（図48）。これによると、以下のことがわかります。

・15～19歳の高校生・大学生期、20～24歳の大学生・就職期は大幅に減少する
・25～29歳以降はほぼプラスになっている
・50歳以上の年代でもプラスになっている

25～29歳以降のプラスには、公営住宅の建設など若者の定住促進策が効果を出しているようです。

さらに、50歳以上の年代は徐々に自然減（死亡）が出てくる年齢なので、差し引きゼロ

図48　下條村のコーホート図

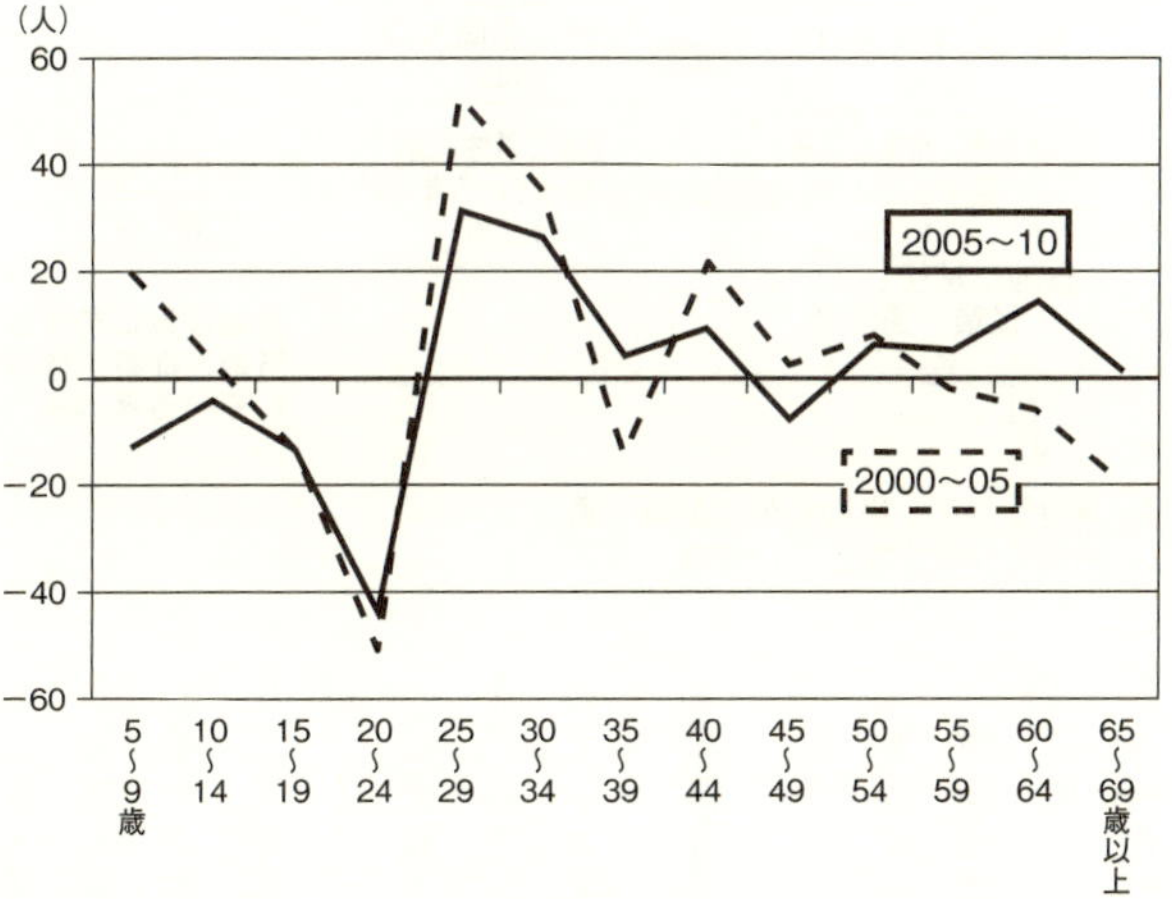

に近いということは、ほとんど流出していないだけでなく、流入している人もいるということを意味しています。残念ながら、この年代のプラス傾向については、若者定住ほど明確な理由は示されていません。高校生・大学生期に流出した若者層の定年退職前後のUターン、福祉政策の充実（健康センターの建設や高齢者への予防接種の導入）など複合的な理由が考えられます。

図49は下條村の従業・通学の状況を表した図です。作成方法は第1章をご覧ください。

これによると、下條村民で従業・通学している人は2378人、そのうち村内

図49　下條村の従業・通学状況

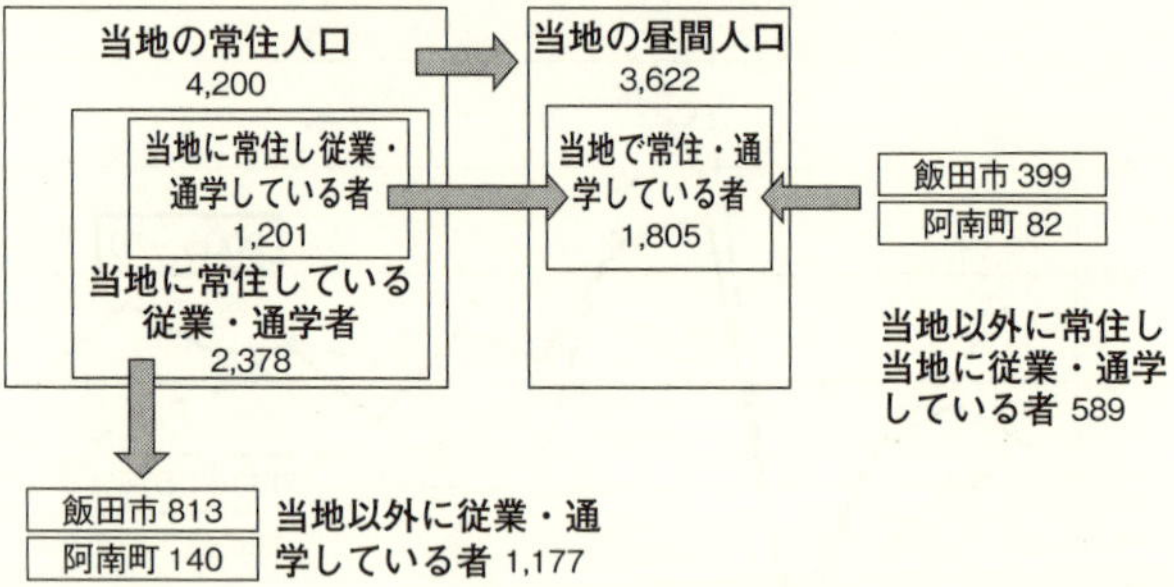

で従業・通学している人が１２０１人ですが、飯田市への従業・通学者が８１３人にのぼっています。飯田市はハイテク企業などが盛んに立地している町です。その飯田市まで車で20分程度の利便性を生かして、若者も50歳以上もこうした機会を得て働いているのかもしれません。

長野県下條村は、飯田市の経済成長と上手に補完関係を結んで、若者も高齢者も集まる村づくりに成功しているといえるでしょう。

高齢者の集まる町・北海道伊達市のケース

もう一つ、高齢者が集まってくる町として有名な町が、北海道伊達《だて》市です。

伊達市は、仙台藩領の亘理伊達氏第14代伊達邦成が、戊辰戦争で仙台藩が降伏した後、知行《ちぎょう》を２万３８５３石から58石へと減らされたため、家臣団を養うことが不可能になり、北海道に移住して、明治3（1870）年から胆振国《いぶりのくに》有珠《うす》郡を開拓したことに起源を有します。

1900年に有珠郡の6村が合併して伊達村、72年に市制が施行され伊達市となります。近年は、隣接する壮瞥《そうべつ》町・大滝《おおたき》村との合併協議を行っていましたが、壮瞥町が合併に了承せず、2006年内陸の飛び地である大滝村を編入合併し、地域自治区大滝区を設置して現在に至っています。

伊達市（旧伊達市）の天候は、北は有珠山、南はおだやかな内浦湾に面していて、気候は四季を通じて温暖、夏は暑すぎず、冬も雪が少ないことで知られています。一方、内陸部の旧大滝村は特別豪雪地帯で積雪量が多く、1月の平均気温がマイナス7・6℃と寒さも厳しい地域になっています。

人口約3万6500人の小さな町ながら、西胆振の中心都市として総合病院をはじめとした多くの医院や銀行・複数の大型ショッピングセンター・介護福祉施設など、生活に必要な都市機能があります。これらの施設の多くは、旧伊達市の

図50　北海道伊達市の位置

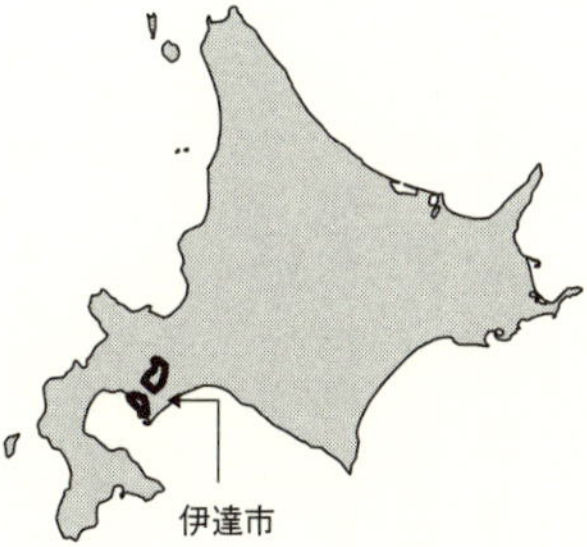

中心市街地に集まっていて、用事を1回で済ませられるコンパクトシティが実現しています。一方では、海と山の豊かな自然が存在し、市街地を少し離れればスキーや温泉などを楽しむことができます。

これらの恵まれた条件を背景にして、もともと道内から定年退職などを機に移り住む人も多く、高齢者のための快適居住地として知られてきました。

現在でも、伊達市では積極的に移住を奨励しています。市では、他地域にあるような「移住者向け支援」（土地や住宅などの金銭的支援）は行っていませんが、移住を検討する人が移住を体験できるよう、市内民間不動産業者と協力して、生活に必要な家具・家電その他の生活用品一式を備えつけたアパートを用意しました。

市のホームページに掲載されている「グランデージ北湘南」というシニア向け賃貸マンションは、市の中心部から車でおよそ7分で、管理人がいるほか1階の大食堂を利用することもできます。滞在用の部屋の広さは1LDK50・34平方メートルで、洗濯機・テレビ・ビデオ・掃除機・冷蔵庫・炊飯器・電子レンジ・テーブル・ベッド・なべ・食器類ほかが備えつけられ、家賃・共益費・管理費・水道光熱費込みで12万5000円～となっています。

また、定住者向けには、優良田園住宅があります。「優良田園住宅」とは、農山村地域、都市の近郊その他の良好な自然的環境を形成している地域にある一戸建て住宅のことを指します。98年に「優良田園住宅の建設の促進に関する法律」という法律が施行され、2005年に、当市では同法に基づく基本方針を策定しました。これは、伊達ウェルシーランド構想と名づけられ、市有地だった「西胆振農業センター」跡地での民間開発事業を進めています。

図51　伊達市の優良田園住宅

†再注目される田園都市

私は日本開発銀行に入行後、同じ銀行員（三井銀行）としての大先輩である阪急グループの創始者小林一三の伝記を読んで地域開発の仕事を志しました。

小林は、単に鉄道を引くだけでなく、都心ターミナル駅に百貨店（阪急百貨店）、終着駅に娯楽施設（宝塚少女歌劇団）、途中駅に新しい宅地を開発する複合型経営で成功を収めます。

このモデルは、後年関東で東急電鉄の五島慶太らによって継承され、日本の私鉄経営の模範的なモデルになりました。小林の宅地開発の理想は、100坪の土地のうち半分を家屋、半分を果樹園として、災害時にも自給自足できるようにしたものでした。そのモデルになったのが、19世紀末にイギリスのエベネザー・ハワードが提唱した「田園都市」構想です。自然と共生することが経済的な持続性にもつながるという発想は逆にとても斬新に感じました。

優良田園住宅には、こうした発想が込められていると思います。今後、環境や食糧問題が大きなテーマになってくると、田園都市はふたたび注目されるでしょう。伊達市への関心も高まることと思います。

†どのような人たちが集まっているか

さて、伊達市はこのようにして、高齢者が集まる町としての評価が固まりました。

実際にどのような人たちが集まっているか、コーホート分析をしてみましょう。

実は、50歳台前半の年代で早くもプラスになっています。早期リタイアのU、Iターンが想定されます。その後もプラスが続き60～64歳世代で大幅なプラスを示しています。65～69歳でも2005～10年はプラスですから、世評の通り、高齢者が集まっているこ

図52　伊達市のコーホート図

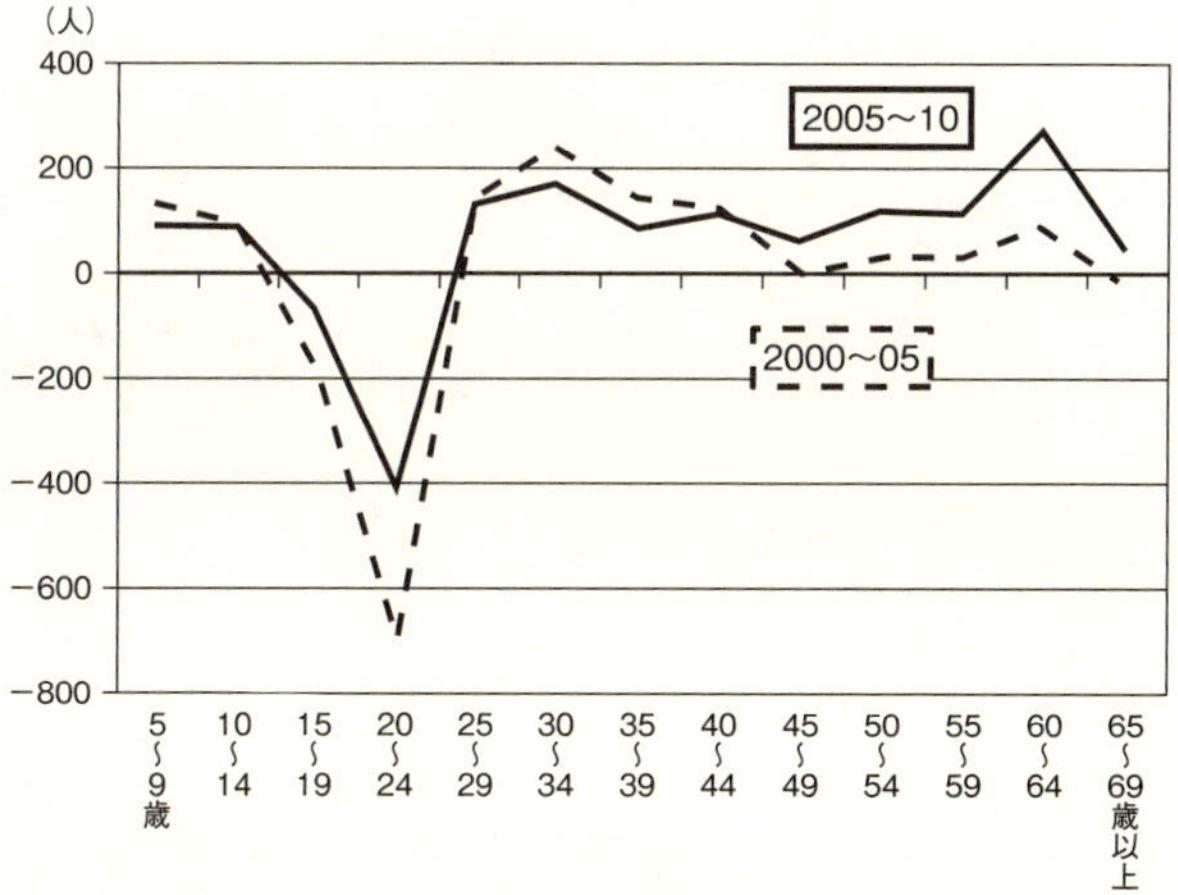

とは間違いないようです。

さらに、コーホート図を見て気づくことがあります。それは、20歳台後半からの子育て世代の増加です。たしかに15〜19歳、20〜24歳世代は大幅に減少していますが、25歳以降にプラスになることによって全体としての人口はさほど減少していません。さらに子育て世代が流入することで、5〜9歳世代が増加するというプラスの循環にも入っているようです。

伊達市は高齢者の町であると同時に子育て世代の町、働きざかりの町でもあるのです。

次に、従業・通学を見てみましょう。

伊達市での従業・通学者1万7539人

図53　伊達市の従業・通学状況

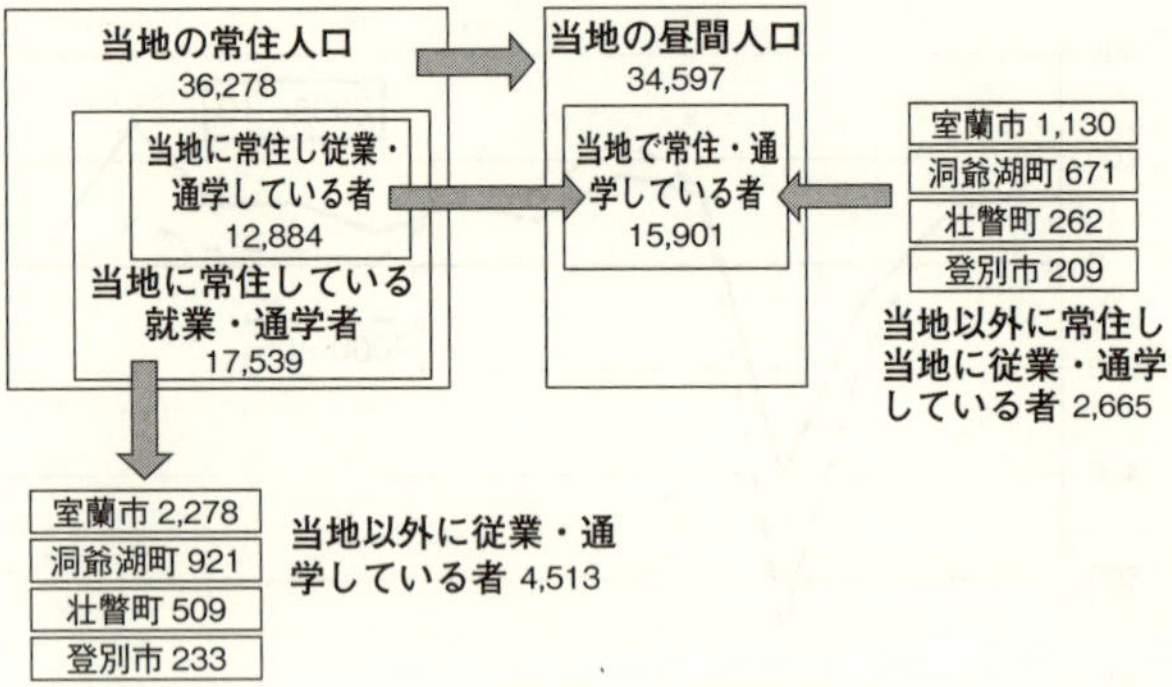

のうち市外に従業・通学している人は4513人で、そのうち室蘭《むろらん》市に2278人が流出しています。

　室蘭市は、天然の良港を活かし、鉄鋼業を中心に、造船、石炭積み出し、石油精製などで発展した北海道一の重化学工業都市です。かつては20万人近くの人口があった大都市でした。基幹産業の新日本製鐵や日本製鋼所の大規模な合理化で雇用が縮小しましたが、現在でも、胆振総合振興局（旧胆振支庁）所管区域の中心地です。室蘭市は製造業の町として発展してきたので宅地開発は遅れ、伊達市のほか登別《のぼりべつ》市や苫小牧《とまこまい》市での開発に押され、定住人口は1970年代後半以降減少がつづいています。伊達市から見ると、室蘭市の雇用機会に対するベッドタウンになっているともいえます。

　この点、最初に紹介した長野県下條村と飯田市の関係にとてもよく似ています。二つの自治体に共通しているのは、地域をどのように特徴づけるかという経営戦略がしっかりしていることです。経営戦略が明確で、それをしっかり実行すれば、どんな立地条件の地域であれ、その地域にあった答えは必ず見つかるものだと思います。

ケース⑧

〝さかな〟に強い町、弱い町

千葉県銚子市・神奈川県三浦市・千葉県館山市【さかな】

私の住む首都圏には何カ所も〝さかな〟で有名な町があります。なかでも、千葉県銚子《ちょうし》市、神奈川県三浦《みうら》市、千葉県館山《たてやま》市は〝三大さかなの町〟といえるでしょう。テレビでは、しばしばおいしい魚料理屋さんや旅館の特集が組まれますが、そのときに必ずといっていいほど登場するのがこの三つの町です。さぞかし〝さかな〟にまつわる産業が繁盛しているのだろうと思います。今回は、「〝さかな〟に強い町、弱い町」を解き明かしてみたいと思います。

†銚子市の歴史をたどる

銚子市は、千葉県の北東端にあり、市の北部には利根川が流れています。海に面するとともに高台も多いこの地は、古代から長いあいだ狩猟と漁労を中心とした生活が営まれてきました。

歴史上明確に記されているのは、平安時代の建久《けんきゅう》年間（1190年代）平忠常の子孫である千葉常衡が、海上《うなかみ》与市を名乗って船木に中島城を築城したのがはじまりです。銚子の町は、海上氏が支援した飯沼観音の名前で親しまれている円福寺の門前町として形成されました。

漁村としての繁栄は、17世紀中盤にもたらされました。立役者は紀州和歌山出身の崎山次郎右衛門です。当時、上方・紀州の漁民は、房総産の鰯《いわし》が木綿・藍《あい》・みかん・砂糖を作づけするための肥料として適していることを発見し、はるばる房総まで漁に来ていました。崎山次郎右衛門は、漁獲の効率を高めようと1656年にこの地に移り住みました。

図54　館山市・銚子市・三浦市の位置

銚子沖は北上する黒潮と南下する親潮が合わさる地点で、両海流に乗ってくる多種多様な魚類を収獲できる立地に恵まれていました。崎山次郎右衛門は、任せ網・八手網《はちだあみ》など最新鋭の技術を導入して漁獲量を増やしたり、干鰯場《ほしかば》を開

設するなど水産加工業に進出しました。１６５８年から６１年にかけては、犬吠埼の南に外川《とかわ》港を開港するとともに市街地を建設します。外川港の築港技術水準は非常に高く、１９２２年の全面改築まで活用されつづけました。階段状の土地を造成し縦横の動線でつないだ外川の町並みは、合理的にも美しい町の模範とされてきました。

銚子を支えたもう一つの産業である醬油製造業は、１６１６年に地元の田中玄蕃が摂津国の酒造家から製法を学んで、醬油の醸造をはじめたことに端を発します。１６４５年には、紀州から濱口儀兵衛が移り住み醬油の醸造を開始しました。濱口儀兵衛は関西の本格的な醬油製造技術を導入し、近代的な醬油製造業を発展させました。その後、濱口儀兵衛商店は銚子を代表とする醬油を製造しつづけ、１９２８年10代目儀兵衛のときにヤマサ醬油として株式会社化されます。

銚子を支えた漁業も醬油製造業も、もともとは紀州出身だったのです。

さらに、両産業の発展を促したのが利根川の水運です。利根川は、１６２４～４３年の大改修工事を経て現在の流路に整えられました。改修の目的は江戸を洪水被害から救うことでしたが、同時に、新利根川を生かして利根水運が開かれることになりました。銚子港は、利根水運を利用して、東北地方の米などを江戸に運ぶ重要な中継港として発展しました。

明治維新（1867年）後、本州最東端の地理的な条件を活用して、犬吠埼《いぬぼうさき》灯台、銚子測候所、銚子無線電信局が建設されました。これらは観光名所となりました。

89年の町制施行の時にはじめて銚子という名称がつけられ、銚子町が設立されました。もともと銚子は、町の形が酒を注ぐお銚子に似ていることからつけられたものです。明治末期には、佐倉‐銚子間の総武本線が開通し東京と直結しました。1933年、銚子、本銚子、西銚子の3町と豊浦村が合併し、千葉県下2番目の市として銚子市が誕生しました。

銚子市は、周囲が海に囲まれているため湿度は高めですが、夏は涼しく、冬場でも温暖で気温が氷点下になることはほとんどありません。雪が降ることも非常に珍しい地域です。こうした住みやすさと、漁業と醤油製造業の経済力を背景に、銚子市は、東房総地域の中心的都市としての役割を担っていました。

†人口減少時代に入る銚子市

しかし、60〜70年代以降、近隣の旭市や茨城県神栖《かみす》市、鹿嶋《かしま》市などに企業立地が進みました。神栖市、鹿嶋市は、63年に国の工業整備特別地域に指定され、69年工業港鹿島港が開港しました。73年鹿島臨海工業団地の開発工事が完了し、住友金属工業や石油化学系の大規模工場が立地し、工場に勤める従業員を中心に人口が急激に増加しました。

一方、銚子市は、水産関連産業や醤油以外に目立った新規産業が立地せず、次第に市内の活気は薄れていきました。

国勢調査では1965年の9万1492人をピークに年々減少を続けており、2010年では7万2210人と23%減となっています。日本全国が高度成長を謳歌し人口が増加していた1970年代から、すでに人口減少時代に入っていたのです。

図56は銚子市のコーホート図です。これによると、以下のことが明らかになります。

・15~19歳、20~24歳世代で大幅に減少している
・25~29歳にさらに減少幅が拡大する
・30~34歳以降減少幅は小さくなるもののマイナス傾向は続いている
・5~9歳、10~14歳も減少している

以上の通り、全年代でマイナスで、特に高校入学期~大学卒業期までが一貫して大幅に

図55　銚子市の長期人口推移

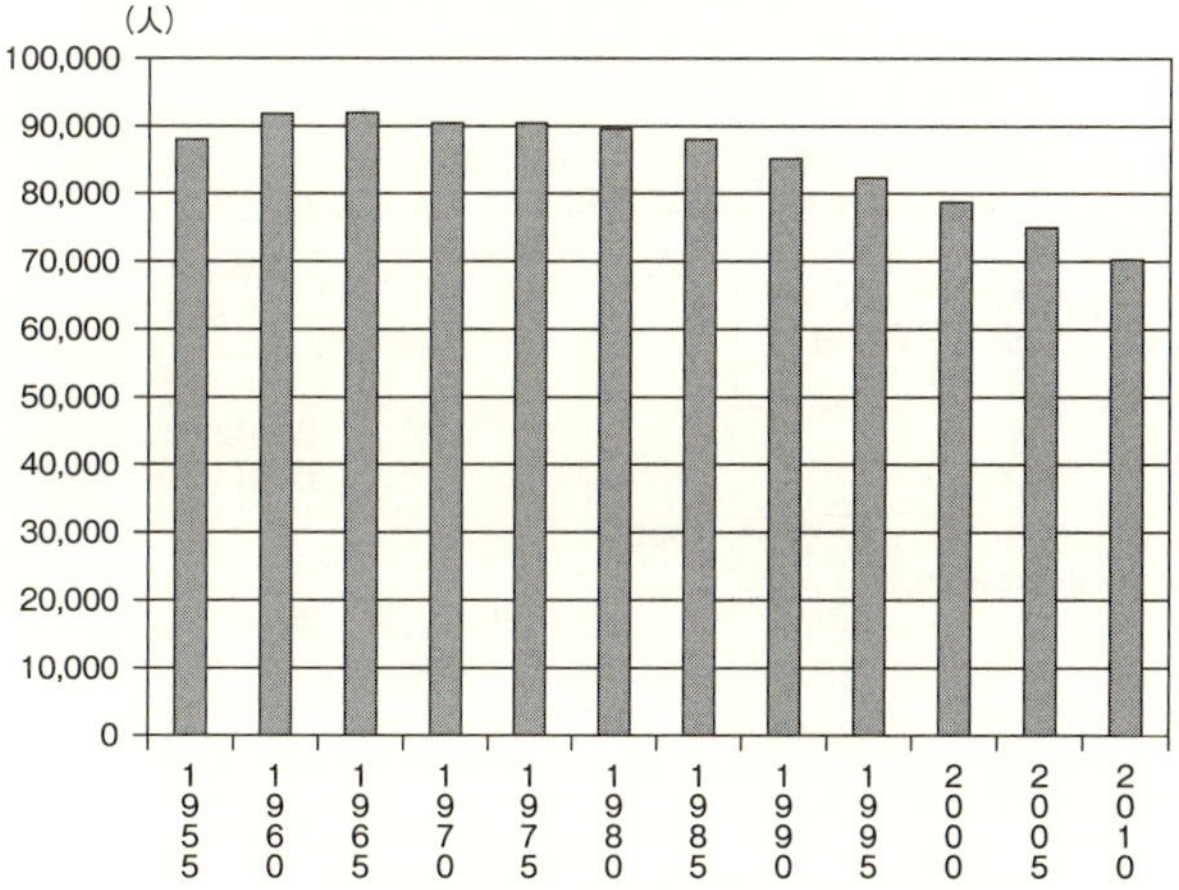

図56　銚子市のコーホート図

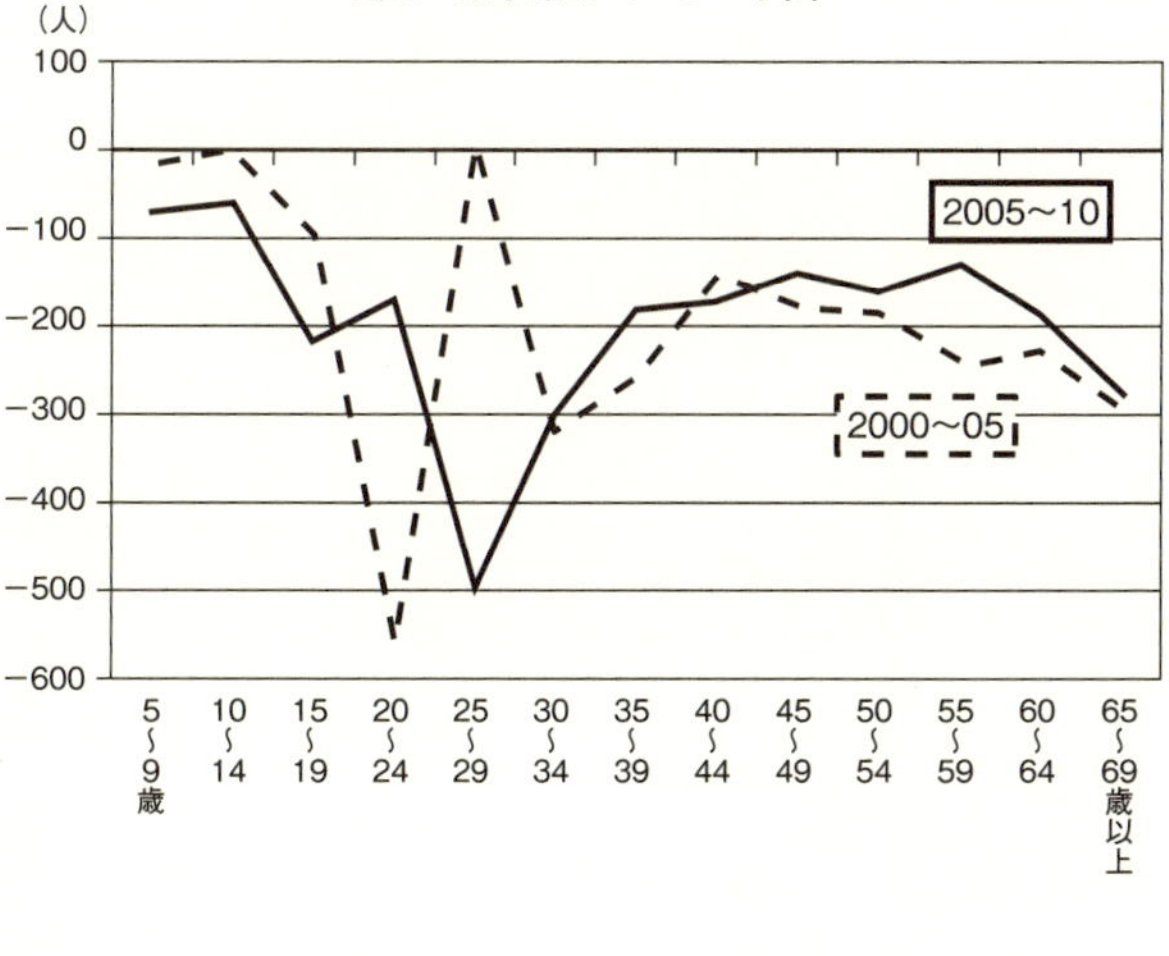

図57　銚子市の従業・通学状況

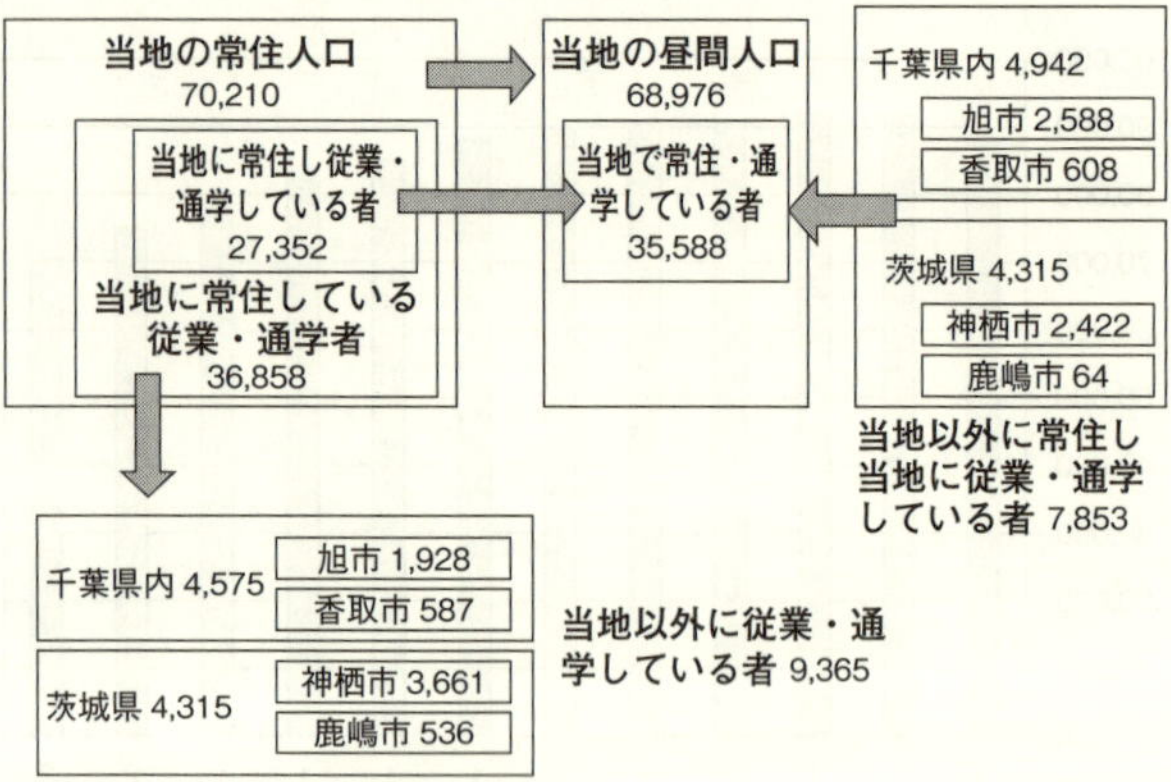

減少していることが特徴になっています。市内での教育・就業機会の少なさが、人口減少の大きな差につながっていると思います。

図57は銚子市の従業・通学状況を図示したものです。常住従業・通学者のうち74％が市内で従業・通学しています。一方、市外への流出者をみると、千葉県内と同じ程度茨城県との関係が深いことがわかります。特に神栖市への従業・通学移動は３６６１人と、県内隣接自治体である旭市、香取市をもはるかに上回っています。また、神栖市よりさらに遠隔地の鹿嶋市への従業通学者も５３６人と相当数に上っています。

以上を総合的に考えると、銚子市は、基本的には市内で仕事や学校に通うけれども、茨城県の神栖市や鹿嶋市との関係が深いことがわかります。この背景には、前述の通り両市の産業の発展があり、銚子市内で不足する雇用の吸収先になっていること、ただし、そのうえでも銚子市の雇用機会は不足しているため、人口流出が続いていることが推測されます。

†三浦市の歴史といま

神奈川県三浦市は、神奈川県南東部、三浦半島最南端に位置する市です。

三浦市は、西岸は相模湾、東岸は浦賀水道（東京湾）、南岸は太平洋に面した天然の要害であるとともに、南端部には城ヶ島が浮かぶ観光名所でもあります。古くから地形を生かして漁港として発展してきました。

三浦市の名称は、この地で権勢をふるった武家の三浦氏に由来しています。平安時代末期から、源頼朝を助けて鎌倉幕府を興し、有力御家人として権勢をふるった和田義盛も三浦一族です。この時代、三崎には三つの御所（親王、将軍、大臣などの住居）が置かれ、源頼朝をはじめ多くの要人が来遊した政治や文化の中心地ともなりました。

三浦一族は、鎌倉幕府の執権家である北条氏との主導権争いに敗れますが、その後も約450年の長期にわたって栄えます。そして、戦国時代に、全国覇権を目指す北条早雲の大軍を相手に戦います。3年間の戦いの後、1516年、三浦道寸ほかの三浦一族は、新井城を最後の居城として立てこもり、多くの将兵が海へ投身したと伝えられています。そのため血に染まった海水がまるで油を流したような状態になったことから、後世「油壺《あぶらつぼ》」といわれるようになりました。

三浦一族終焉の地となった現三浦市の油壺の、起伏に富み入江の多い三崎の地形は、天然の要塞でした。後年、徳川家康が関東へ入った際に、すでに港として発展していた三崎は天領（江戸幕府直轄の領地）とされました。

その後は平和が訪れます。江戸幕府にとっての魚の供給先として三崎漁港を中心に発展しました。江戸時代には、それまでの沿岸の網漁から船を使った漁法に移り、17世紀末以降には大型船で江戸に搬送することができるようになると、漁港としての発展が大きくはじまります。1921年にはカツオ、マグロ漁船の動力化がはじまり、三浦のマグロがブランド化していきます。動力船の普及は、三崎漁港を遠洋漁業の拠点として押し上げ、三浦は日本有数のマグロ水揚げ港として有名になりました。

その後、マグロ輸送自体はコンテナ化され、三浦市は自ら漁を行う形態から、他の港で漁獲されたマグロが三浦市に集まってくる形態に移行してきているといわれています。セ

図58　三浦市の長期人口推移

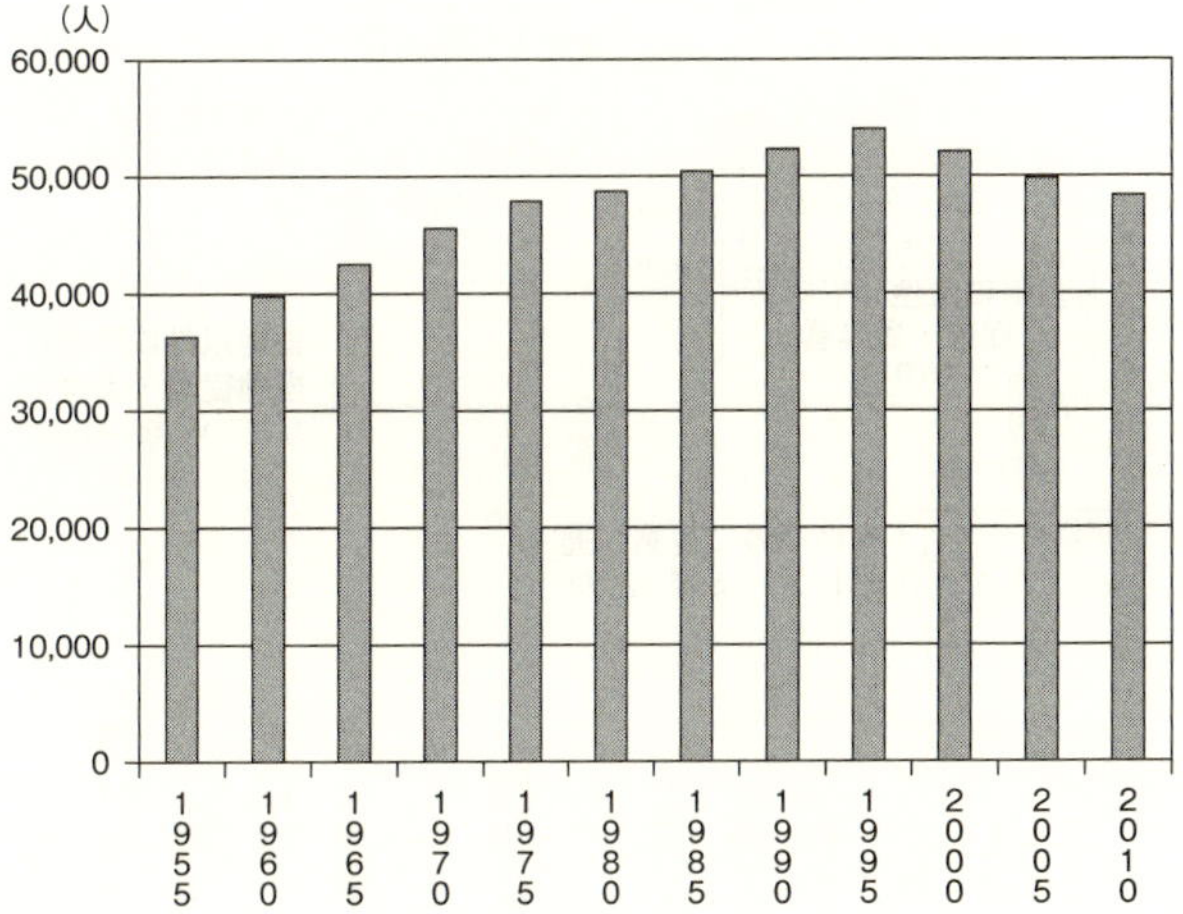

図59　三浦市のコーホート図

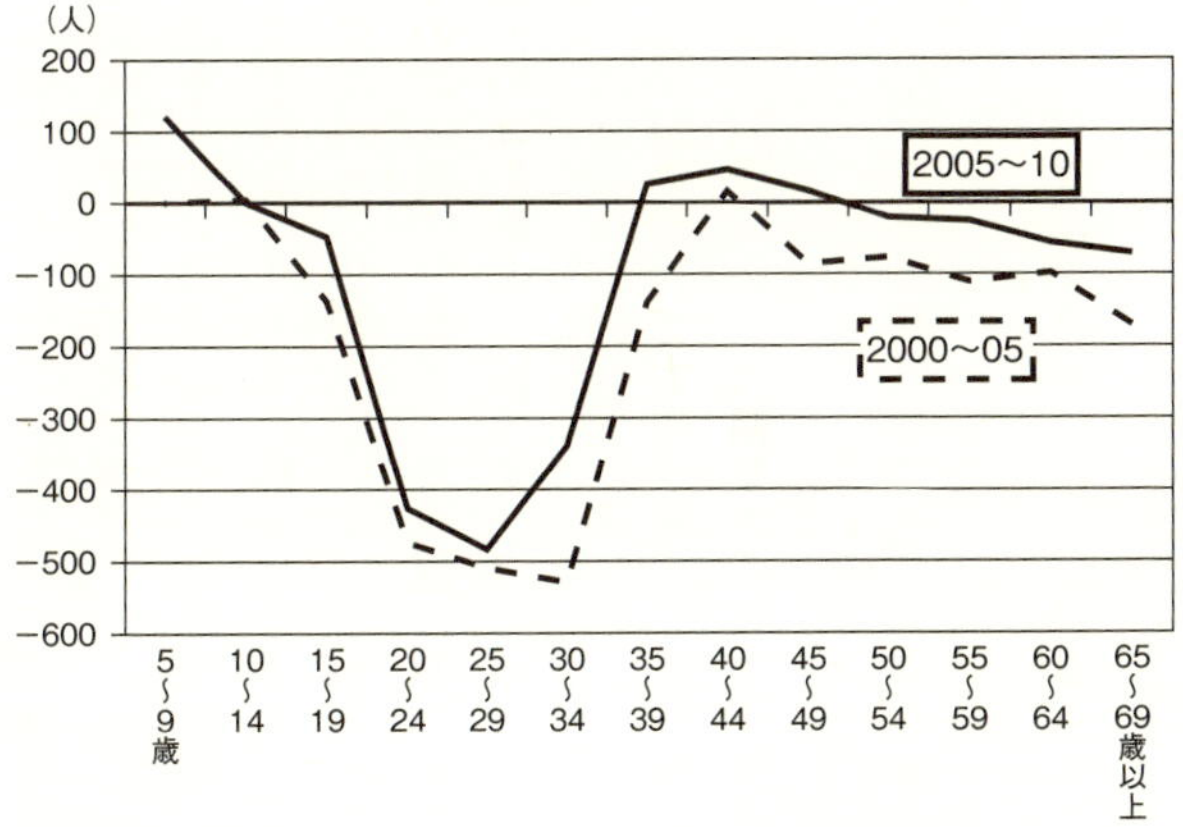

図60　三浦市の従業・通学状況

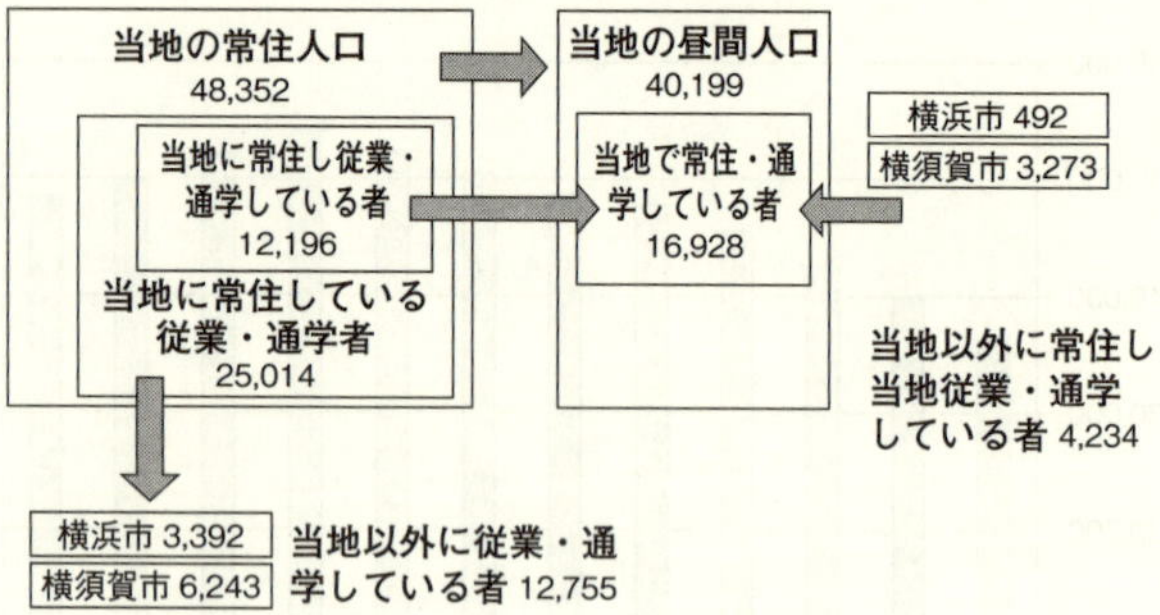

りを行ううえでの優れた目利きがいるために、他港で揚げたマグロが集まっているためです。

このように漁業を中心に繁栄してきた三浦ですが、人口は1995年を境にマイナスに転じています。これは漁業以外の産業が十分に育っていないことを示唆しています。この点は銚子と似通った状況にあります。

図59は、三浦市のコーホート図です。

・15〜19歳、20〜24歳世代で大幅に減少している
・25〜29歳、30〜34歳以降も大幅なマイナスが続いている
・35歳以降は若干プラスに転じてマイナス幅も縮小している
・5〜9歳、10〜14歳はプラスになっている

銚子市とは、15〜34歳世代までのマイナス傾向は同じであるものの、35歳以上、14歳以下ではプラスになっているのが特徴です。

図60は、三浦市の従業・通学状況です。

これをみると、常住人口に比べて昼間人口が少ないこと、従業・通学先としてはお隣の横須賀市とその先の横浜市との関係が深いこと、大学卒業後に人口流出は止まり、若干ですがU、Iターンがはじまり、子ども世代も増加していることがわかります。漁業や水産加工業に代わる産業の発展は進んでいない一方、横須賀や横浜のベッドタウンとしては機能していると言えます。

†館山市の歴史をたどる

館山市は、房総半島の最南部、東京湾口に位置します。ちょうど三浦市の対岸に位置する町です。

館山の歴史は、実は三浦と大きくかかわっています。鎌倉時代から室町時代にかけて海の反対側に本拠をおいていた三浦一族は、房総半島にも勢力を広げようとしていました。

それは、安房《あわ》が海の国だからでした。海上交通の拠点となる港を自分の支配下に入れて利用することができれば、軍事力や経済力をもたらしてくれます。

同時に、鎌倉政権の中枢にあって権力を握った北条氏も勢力を拡大しようとします。室町幕府成立後は、足利氏の影響力が直接及ぶようになりますが、関東管領の上杉氏が守護を兼ねることもありました。上杉一族は越後・上野・武蔵・上総《かずさ》・伊豆で代々守護を務めていて、東国では一大勢力になっていました。

その上杉氏の配下に里見氏がいました。1561年、上杉謙信が北条氏の居城である小田原城を攻めた際に里見義弘が参加しています。67年には、上総三船山で北条軍を破り房総半島中央の領地を回復しますが、77年にはふたたび北条に敗れ和睦《わぼく》の上安房にとどまることになります。その後、里見氏は、豊臣秀吉、徳川家康に従い、91年からは館山城を居城として現在の館山の基礎を築きます。当主忠義は幕府老中の大久保忠隣の孫娘を正室として迎えて地位を安定させていました。

しかし、その安定はつかの間でした。庇護者であった大久保忠隣が豊臣方へ内通したとして罪に問われた「大久保長安事件」に連座して、忠義は1614年安房国を没収され倉《くら》吉《よし》へ国替えされます。館山城もそのとき破壊されます。そうして23年の忠義の没と共に里見家が断絶します。

幕府は里見氏亡き後の安房国を支配するために、いったん直轄領としたうえで検地を行い、多くの武士に分け与えていきます。里見家の家臣は、40年代にほぼ配分を完了した新領主に再仕官する者、武士をやめて農業に戻る者に分かれていきました。

江戸時代の文豪曲亭馬琴が著した長編小説『南総里見八犬伝』は、里見氏の歴史を題材にしています。新たに創作されたものですが、悲劇の最期を遂げた里見氏のあまりにも短い繁栄をはじめ、安房の人々が生き生きと登場する痛快な小説になっています。

†観光地への変化

その後館山は、温暖な気候や風光明媚な鏡ヶ浦の存在を背景に、社寺の参詣に訪れる観光客や、創作の題材を求める芸術家なども訪問する地域として評価が高まります。明治30（1900）年代に、中流階級を中心とした避暑客と学生たちが海水浴に訪れるようになると、宿泊施設も増えていきました。当時の鏡ヶ浦の街場には、すでに20軒近い宿泊施設があったとされます。

昭和になると風景への関心が全国的に高まっていきました。1927年に東京日日新聞社と大阪毎日新聞社の主催で選定された日本新八景には、海岸の部の百景として鏡ヶ浦が入選しています。

１９７２年に市観光協会が、鏡ヶ浦を中心とした館山三景二勝を選定し、新たな観光宣伝をはじめます。１９７６年には富浦から館山・白浜《しらはま》・千倉《ちくら》の地域が南安房県立公園に指定されました。76年度の宿泊観光客数は戦前の最高だった１９６１年頃の３〜４割でしたが、国鉄特急を活用した千葉、東京方面からの日帰り観光客は戦前をしのいだといいます。

こうして館山は、歴史上の出来事からは遠ざかりますが、平和な土地であるがゆえに多くの人を引きつけたともいえるでしょう。

その後、観光需要に加えて、近年では定年期を迎えた首都圏などからの移住も増えてきているといわれます。そのカギを握ったのが、館山自動車道、富津《ふっつ》館山道路の開通です。もともと、自動車交通の便は悪く、観光客の足は電車交通に限られていました。ケース②で紹介した木更津市が中継点として栄えた理由の一つです。しかし今は、夏場の観光シーズンの大渋滞がなくなり、木更津から富津館山道路の終点である富浦《とみうら》（南房総市）までは車で30〜40分の距離となり、観光客もずいぶん増えました。

†くりかえされる市町村合併

現在の館山市は、1939年に安房郡館山北条町、那古《なご》町、船形町が合併・市制施行して、新設されたものです。千葉県内では千葉市、銚子市、市川市、船橋市に次いで5番目の市でした。54年、安房郡西岬《にしざき》村、富崎村、豊房《とよふさ》村、神戸村、九重《ここのえ》村、館野《たての》村を編入し、現在の市域となっています。

平成の大合併の際、鴨川市、鋸南《きょなん》町、天津小湊《こみなと》町を含む安房郡市2市8町1村で合併の検討がはじまり、2002年に任意合併協議会が設置されましたが、鴨川市の債務などがネックとなり03年に解散しました。その後、1市8町村で合併を検討することとなりました。しかし、館山市以外の8町村が合併前に合併特例措置（特別に地方債の起債を認め、かつ債置財源の一部として地方交付税が交付される）を活用して、さまざまな公共施設を建設する動きを見せたため、館山市では、合併後の財政負担を増すという不安感が強まり、合併協議から離脱しました。館山市以外の町村は間もなく、8町村のみの合併を検討開始し、最終的には鋸南町を除く7町村によって、05年に南房総市として発足しました。

そのため半島の突端の館山市だけ残り、周辺は南房総市に取り囲まれるという奇妙な状

図61　館山市の長期人口推移

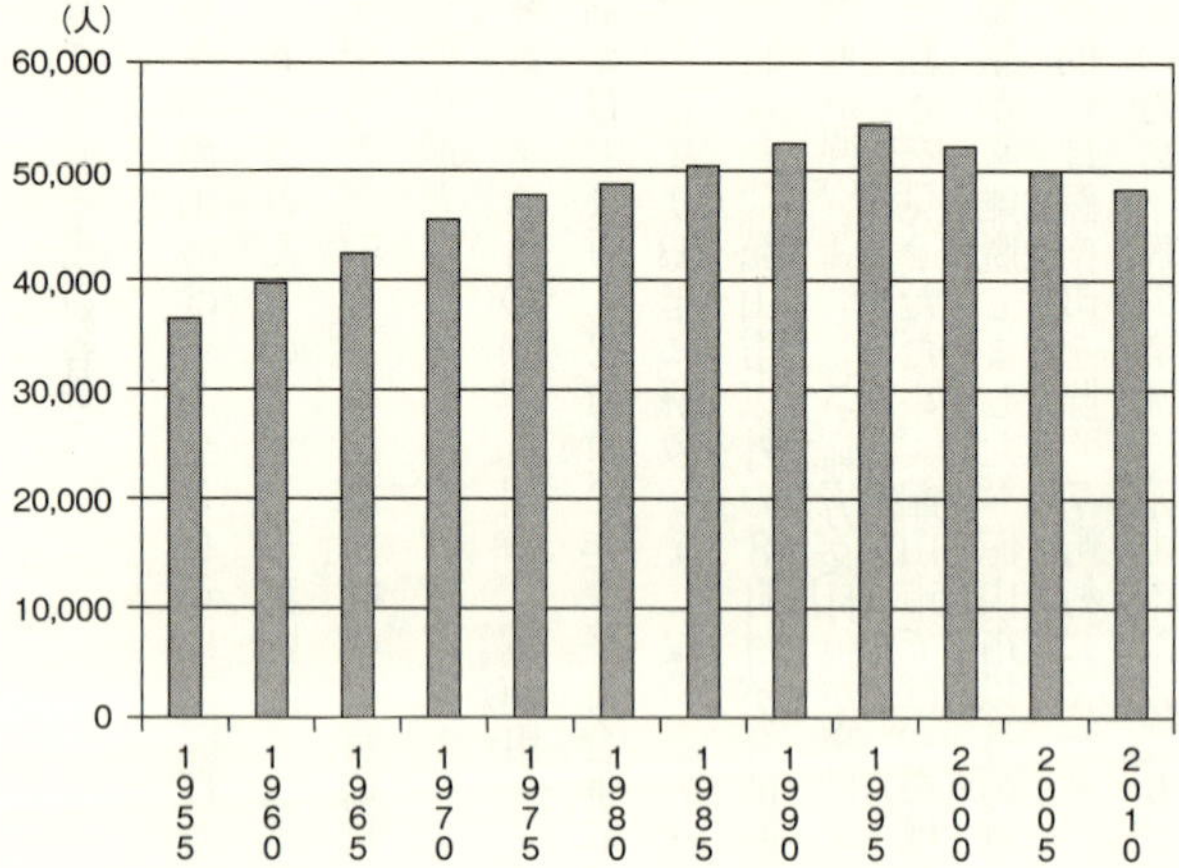

況になっています。しかし館山というブランド名称が残ったために、観光市場に対するアイデンティティは残っています。私は本当にリストラをするなら合併も良いと思いますが、合併特例措置を使って公共投資をして肥大化させるくらいなら、合併しない方が賢明だと思います。少なくとも、館山市がその道を選んだことは結果的にプラスになっていると思います。

†館山市はなぜ雇用の創出に成功したか

図61は館山市の長期人口推移です。1995年の5万4000人をピークに減少がはじまっています。95年をピークとするという点では三浦市と共通しています。

図62は館山市のコーホート図です。

・15〜19歳、20〜24歳世代で大幅に減少している
・25〜29歳でプラスになっている
・30歳以降は若干プラスになっている
・60〜64歳でプラス幅が拡大している

という特徴があります。銚子や三浦との違いは、25〜29歳がプラスであることに加えて、30歳以降も若干プラスになっているという点です。15〜24歳のマイナスが大きいものの少しずつUターンしてきていること、もしくは温暖な気候を期待して移住してくるIターンの人もいるものと推測されます。

図63は館山市の従業・通学状況です。まず最大の特徴は、常住人口4万9290人に対して昼間人口は5万1290人と昼間人口の方が多くなっていることです。この点は、銚子、三浦とはまったく逆の傾向になっています。従業・通学の流入人数は7100人です

図62　館山市のコーホート図（2005～10）

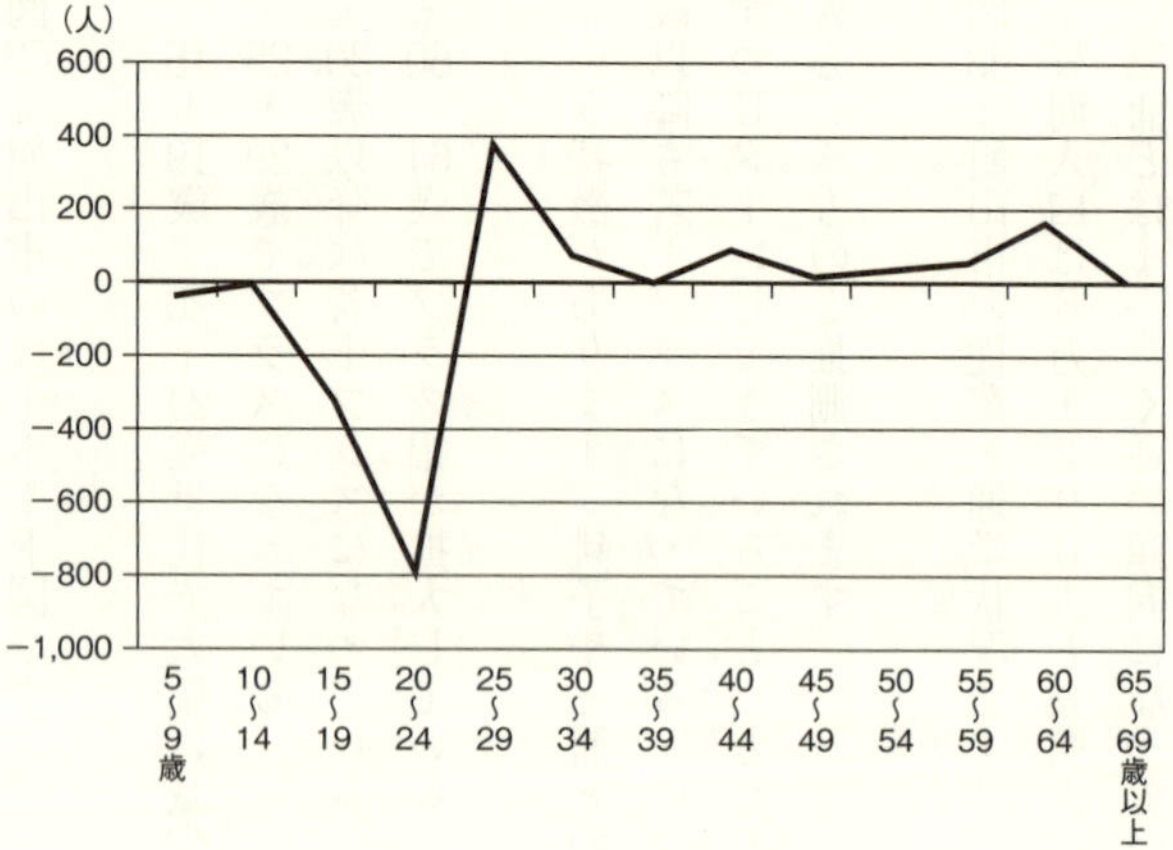

図63　館山市の従業・通学状況

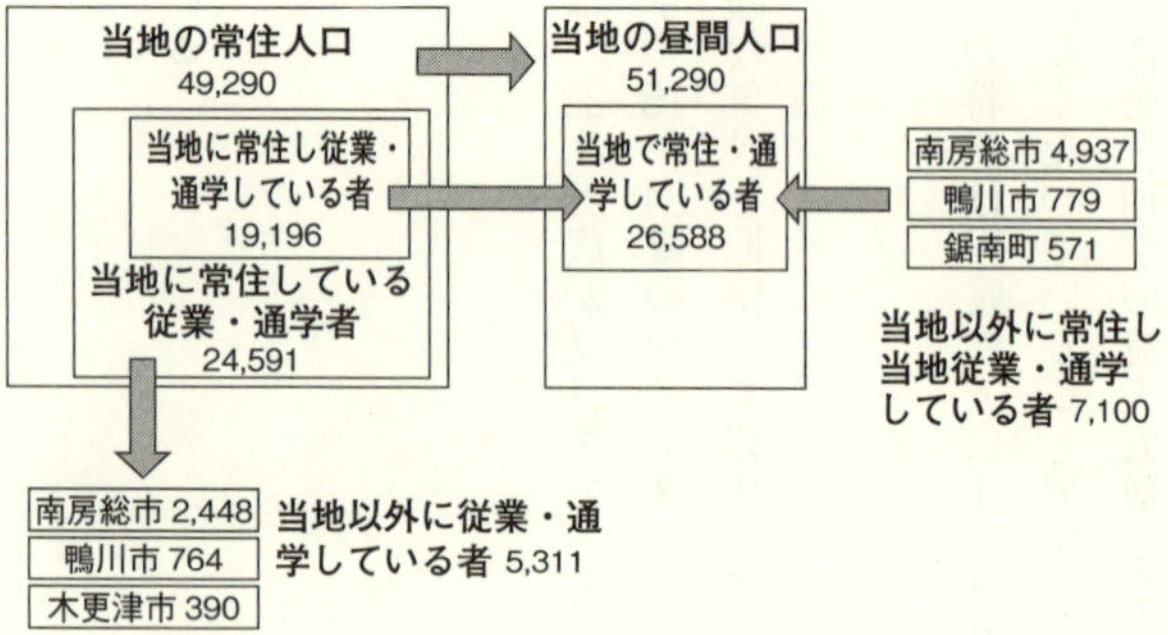

図64　館山・銚子・三浦のコーホート図（2005～10）

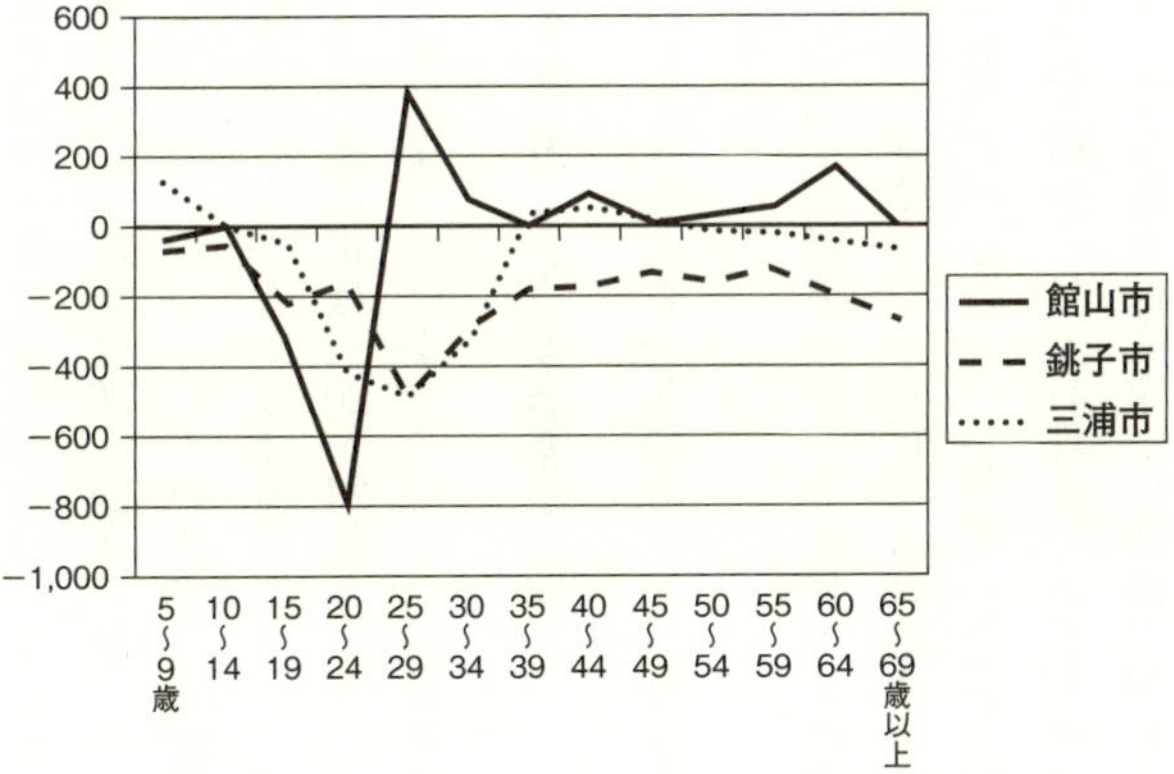

が、7割の4937人は南房総市からです。

以上を総合すると、「館山市は、産業構造の転換を早めに進めたため、雇用機会の創出に成功している」と推測されます。

†3市のコーホート図を比べる

3市のコーホート図を重ねてみましょう。図を見ると館山市と、銚子市・三浦市には大きな違いがあることがわかります。

3市とも、20～24歳まではマイナスが現れています。市内の高校、大学が少なく、この時期に大量に流出しているためです。この傾向はやむを得ないことです。

しかし、25歳以降の動きが大きく違います。館山市がプラス傾向になっている一方、銚子市、三浦市はマイナス傾向がつづいています。

銚子市、三浦市は20～24歳の後、25～29歳でさらにマイナスが拡大し、その後ほぼ全年代でマイナスがつづいています。一度15～19歳、20～24歳で人口を減らし、その後も流入が増えることがないまま推移します。

一方、館山市は、20～24歳で大きくマイナスになった後、25～29歳でその半分ぐらいはプラスになっています。つづく30歳以降も小幅ながらプラス傾向です。

†「さかなの町」はどうして差が出たのか

同じような「さかなの町」だったはずなのに、どうしてこのような差が出ているのでしょうか。

この点を、経済センサスを使って数字で検証していきましょう。図65は、3市の水産関連産業の従業者数の総従業者に対するウェイトを表したものです。この図で、水産関連産業に含めているのは、「漁業、水産食料品製造業、生鮮魚介卸売業、鮮魚小売業、農林水産業協同組合、日本料理店」の6業種です。水産食料品製造業とはいわゆる水産加工工場です。生鮮魚介卸売業とは卸商、仲買商、鮮魚小売業とは町の魚屋さんです。農林水産業

図65　3市の水産関連産業の就業者ウェイト

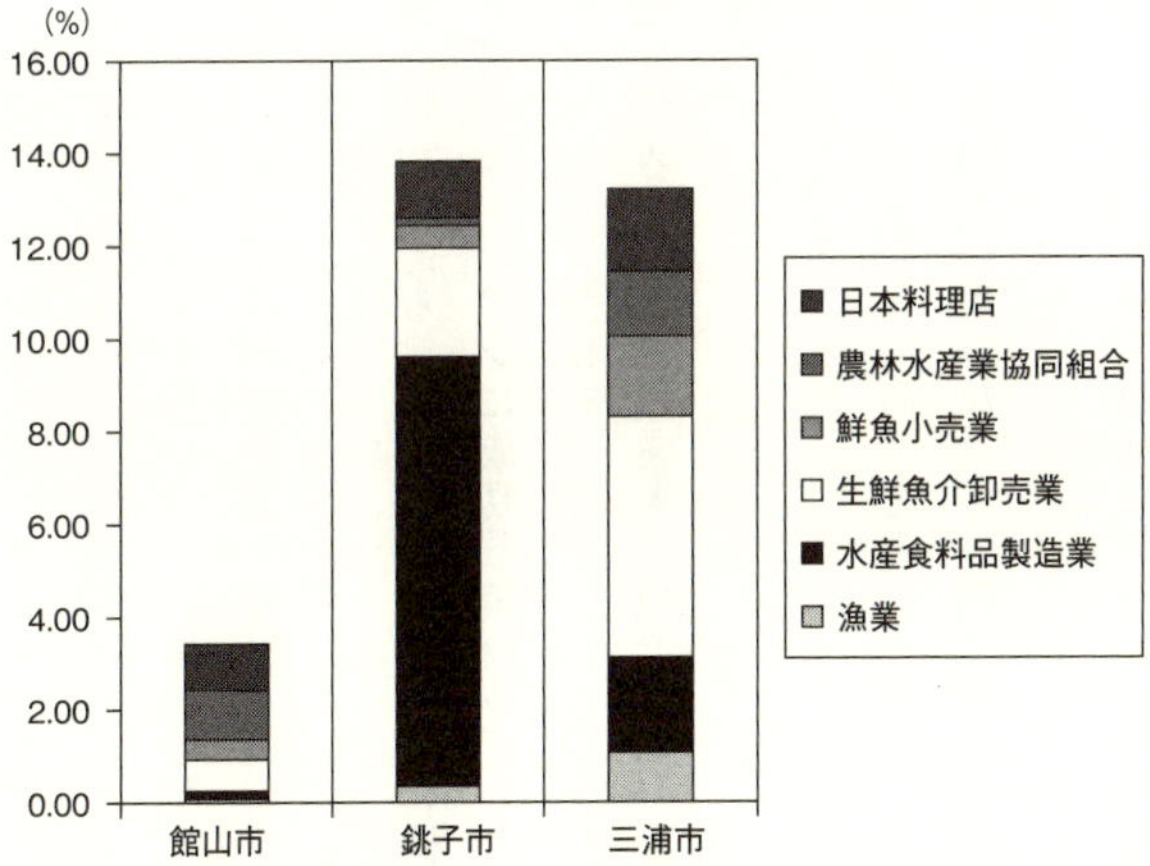

協同組合は漁協・農協・林業組合です。本当は漁協だけを抽出したいのですが、統計上区分されていないので、農協や林業組合も含んでいます。同じく、魚だけの料理店の統計はないので、一番近いであろうと思われる日本料理店の数字をとっています。なお、仮に農林水産業協同組合と日本料理店を除外しても、以下で得られる結論に変わりはありません。

3市の特徴は明らかです。銚子市と三浦市の水産関連産業の従業員比率は合計13%台に上っており、「さかなの町」と呼んでも良い水準に達しています。

ただし、中身は大きく違います。銚子は水産食料品製造業が過半を占めています。

銚子は同じ「さかなの町」でも「水産加工の町」だといえるでしょう。一方、三浦は水産食料品製造業は少なく、相対的には、漁業、生鮮魚介卸売業、鮮魚小売業が多いことがわかります。どちらかというと「生魚の町」に近いイメージです。

一方、館山市はわずか3・4%で両市を大きく下回っています。館山市の水産関連産業への依存度は、ほんのわずかです。実際は「さかなに弱い町」にもかかわらず、「さかなに強い町」である銚子、三浦の知名度に匹敵しています。少ない資源を大きく見せるシティ・プロモーションに成功しているといえるでしょう。

さて最後に、館山市が産業としては何に特化しているかを調べてみましょう。同じく経済センサスを使って産業大分類で見てみます。

それぞれの大分類業種のなかで、もっともウェイトの高い市（含む全国平均）の数字は太字で示してあります。これによると、館山市には一つの太字もないことがわかります。農林漁業は「生魚の町」である三浦市、製造業は「水産加工の町」である銚子市がトップです。館山市が得意なはずの観光業は宿泊業・飲食サービス業や生活関連サービス業・娯楽業に入りますが、この産業のトップは三浦市です。館山市は高齢者も集めているということなので、医療・福祉業が多いのではないかと考えられますが、このトップも三浦市で

図66　3市の従業員数の産業大分類別ウェイト比較

	農林漁業	建設業	製造業	運輸業・郵便業	卸売業・小売業	金融業・保険業
銚子市	1・12%	6・37%	**20・91%**	5・88%	24・62%	**3・48%**
三浦市	**1・28%**	7・01%	6・45%	**6・23%**	**28・08%**	1・87%
館山市	0・69%	7・31%	8・66%	5・00%	27・79%	3・47%
全国平均	0・65%	**7・39%**	16・81%	6・11%	21・72%	2・72%

	不動産業・物品賃貸業	学術研究・専門・技術サービス業	宿泊業・飲食サービス業	生活関連サービス業・娯楽業	教育・学習支援業	医療・福祉
銚子市	1・45%	1・20%	12・03%	4・95%	2・15%	8・72%
三浦市	**2・37%**	0・83%	**17・84%**	**5・58%**	1・84%	**14・59%**
館山市	1・72%	2・22%	16・04%	5・57%	1・75%	11・71%
全国平均	**2・65%**	**3・05%**	9・75%	4・64%	**2・95%**	9・63%

す。では、三浦市はサービス化が進んでいるかと思うと、第3次産業のなかでも付加価値の高い金融・保険業や学術研究・専門・技術サービス業では最下位です。

館山市の成長の秘訣は、実は特定の業種に特化するのではなく、さまざまな業種がバランス良く集まったオールラウンドな魅力にあるのではないかと思います。何でもあれば、住むにも便利だろうし、ビジネスも発生しやすいのかもしれません。

もちろん、さらに詳細に調べるともっといろいろなことがわかるはずです。その探索こそ「楽しい知の旅」ですので、じゃましないように本書ではここまでにしておきます。

ケース⑨ 沿線同士で競争している町
千葉県八千代市・習志野市・浦安市【沿線競争】

ケース⑧は、距離的に離れていても「さかなの町」として競争している銚子、三浦、館山を取り上げました。

✝沿線間の定住人口の奪い合い

この節では、沿線同士で競争している三つの市を取り上げます。第1章で取り上げた私が住む町千葉県八千代市と、同じように京葉間に立地する習志野《ならしの》市と浦安《うらやす》市です。

千葉県に住んで東京に通勤する人を千葉都民と呼びます。そういう形態が望ましいのかどうかは別にして、実際に、他県に住んで都内に通勤・通学する人が多数いることは事実なので、そういう人たちを上手に定住者として取り込めれば、地域にとっては経済的にプラスになります。

今も昔も、定住人口が増えることは税収を増加させる一番の近道です。特に、全国的に人口減少が進む現代において、その重要性は計りしれません。千葉都民の定住を促せるかどうかという観点で、3市の地域間競争を検証してみましょう。

3市は、人口規模が15～20万人規模でほぼ同じ水準にあります。違いは立地条件です。3市は東京都心と千葉・成田方面を結ぶ鉄道や高速道路の線上に位置しますが、時間距離は、都心の東京駅または大手町駅まで、浦安が20分（地下鉄東西線浦安駅）、習志野が30分（JR総武線津田沼駅）、八千代が40分（地下鉄東西線～東葉高速鉄道八千代中央駅）となっています。ほぼ10分間隔で遠ざかっていることがわかります。

図67　3市の位置

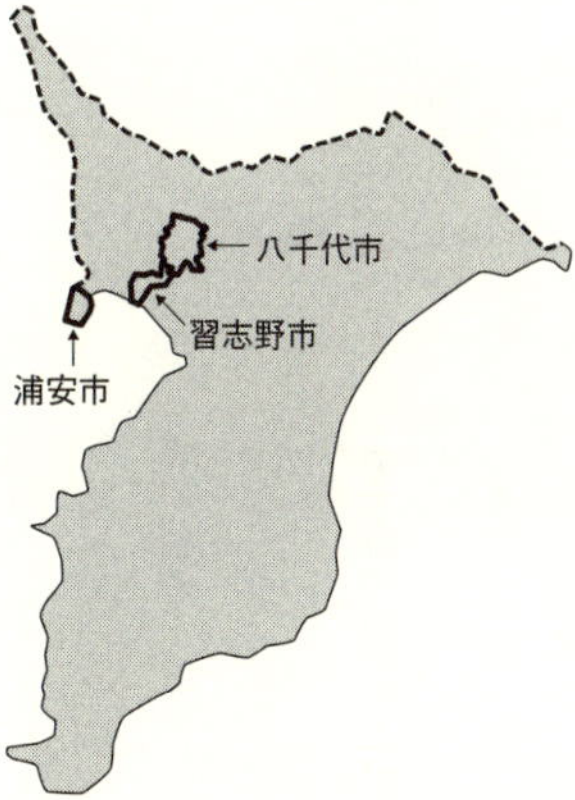

八千代市は、第1章で述べたとおり、高度成長期に公団住宅を建設して人口が急増した地域です。その後、人口増加は小康状態に入りますが、1996年に東京都心に直接乗り入れている東西線が延伸し東葉高速鉄道と相互乗り入れしたことから、都心までの時間距離が40分に大幅に短縮されました。これを機に北部で開発が

図68　3市の位置関係

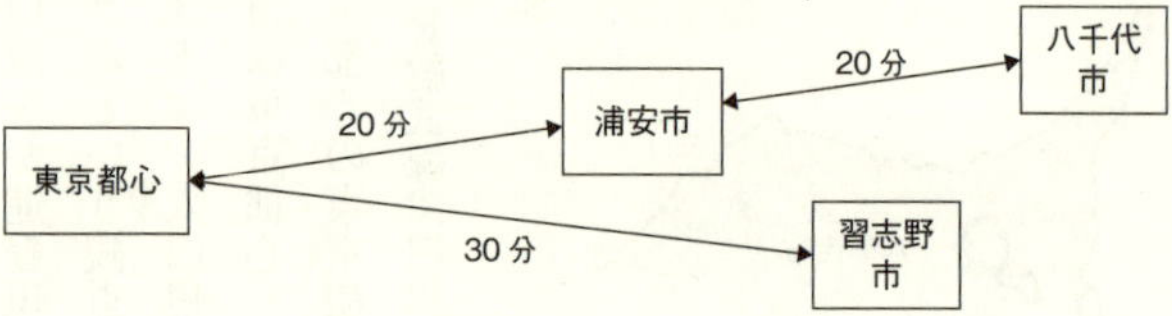

進み、ふたたび人口が増加するようになりました。昼間は市外に出る人が多く、かつ、常住する従業・通学者の26%（市外に出る従業・通学者の4割）が東京都に通うという典型的な東京のベッドタウンになっています。

習志野市の歴史といま

本節では、まず、比較対象の習志野市と浦安市を紹介しましょう。

習志野市は、１８８８年、町村制施行により谷津《やつ》、久々田《くぐた》、鷺沼《さぎぬま》、藤崎、大久保新田の5村が合併し津田沼《つだぬま》村として誕生しました。１８９５年、前年開通していた総武鉄道（現ＪＲ）の津田沼駅が完成すると発展がはじまります。

１８７３年、明治天皇の御前で陸軍による大規模な演習が行われ、その演習場の敷地が陸軍習志野演習場（現自衛隊演習場）となりました。これを機に多くの軍隊が配置されるとともに、陸軍衛戍《えいじゅ》病院（現千葉県済生会習志野病院）、演習場までの鉄道（現新京成電鉄）も建設されて「軍郷《ぐんごう》」とよばれるようになりました。軍事施設の跡地は、その後高校や大学の用地として活用され、文教都市習志野の形成に貢献します（騎兵第一旅団→現日本大学・東邦大学、騎兵第二旅団→現東邦大学付属東邦中学校・高等学校など、鉄道第二連隊→現千葉工業大学）。

「軍郷」には、戦時中は敵軍の捕虜収容所も存在しました。第一次世界大戦後はドイツ人、日露戦争後はロシア人捕虜が収容されていました。日本軍は捕虜に対してとても人道的な扱いをしており、捕虜もそれにこたえてさまざまな貢献をしていたようです。ドイツ人捕虜のソーセージ職人は日本人に製法を伝え、日本全国の食肉加工業者に伝わり、習志野はソーセージ製造発祥の地となりました。房総の牧場でコンデンスミルクづくりの指導をした者、銀座のカフェで洋菓子づくりの指導をした者などもいたようです。

戦後、１９５４年、市制が施行されました。もともと潮干狩りのできる遠浅の海がありましたが、60年代、70年代に千葉県企業庁が埋め立て、公団の袖ヶ浦、秋津、香澄団地や分譲住宅や、芝園《しばぞの》・茜浜《あかねはま》などに工業用地がつくられました。このとき、一部の土地が埋め立てられずに谷津干潟が形成されました。現在、野鳥の飛来地として保護され、ラムサール条約登録地となっています。

図69　習志野市の長期人口推移

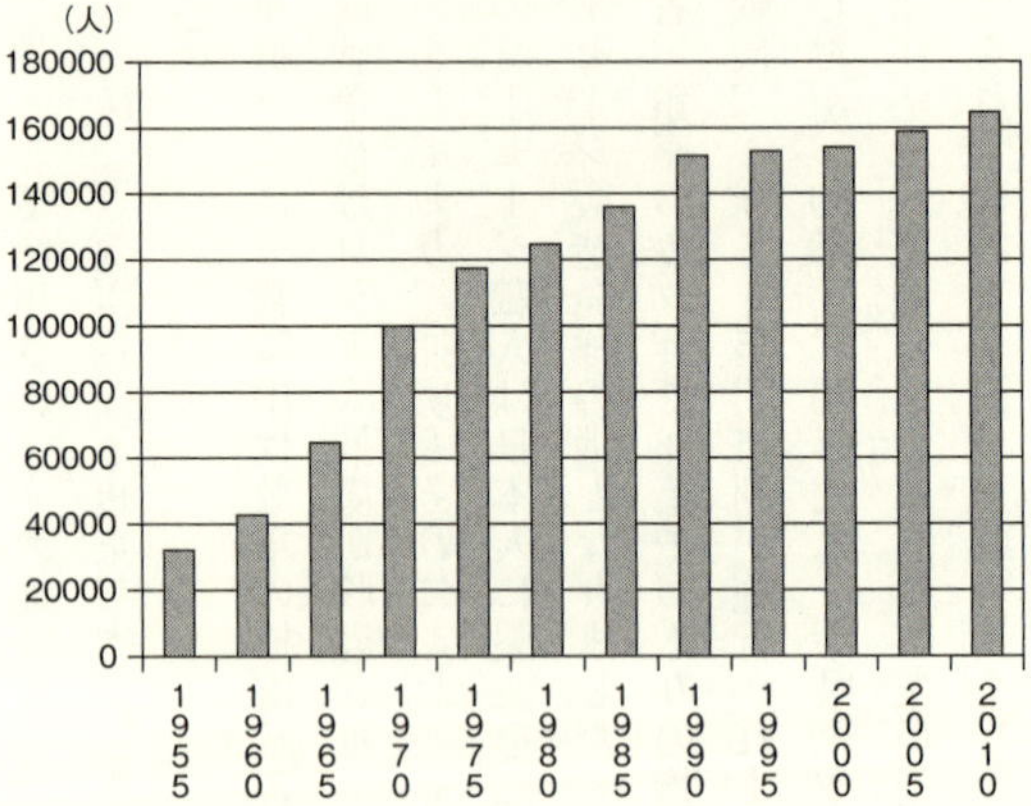

その後、習志野は文教都市として成長しました。市立習志野高等学校の設立、千葉工業大学・日本大学生産工学部・東邦大学付属東邦中学校・高等学校の転入、習志野文化ホールの開館などが進み、70年には「習志野市文教住宅都市憲章」が制定されました。小中学校、幼稚園、保育所もつくられました。

図69は習志野市の長期人口推移です。これを見ると、60～70年代に急増していることがわかります。埋め立て地での住宅大量供給、学校建設などの文教都市としてのアピールが成功したものと推測されます。その後も、伸び率は下がりますが人口は増加を続けます。

教育を核とする都市経営は人口増加というメリットをもたらしました。しかしその一方で、こうした施設が短期間に一斉に整備されたことから、公共施設の老朽化という大きな問題をもたらしています。老朽化問題は、3市に共通していますので本節の最後にまとめることにしましょう。

浦安市の歴史といま

つづいて浦安市を見てみましょう。浦安市は、江戸川を隔てて西隣が東京都江戸川区という東京隣接の町です。かつては3キロメートル沖まで続く遠浅の海が広がっていた漁村でもありますが、江戸川の水や水運を生かして工場が立地するようになります。

山本周五郎の小説『青べか物語』には、昭和初期の浦安の様子が描かれています。「荒れた平野の一部にひらべったく密集した、一かたまりの、廃滅しかかっている部落といった感じ」「貝の缶詰工場の煙突からたち昇る煙と、石灰工場の建物全体を包んで、絶えず舞いあがっている雪白の煙のほかには、動くものも見えず物音も聞こえず、そこに人が生活しているとは信じがたい」という写実的な表現によって、産業構造の転換で漁村が工場町に変わっていくなかで失われる環境、そのなかで生きる人々の暮らしが鮮明に描かれています。

1958年に公害事件として有名な「黒い水事件」(通称浦安事件)が発生します。本州製紙江戸川工場からダンボール製造に使っていた漂白剤が排出され、水質が汚染されました。当時、周辺漁場で漁を営んでいた漁民が工場に押しかけ、警官隊と衝突して多数のけが人を出す大事件となりました。この事件がきっかけとなり、日本初の水質規制に関する法律である水質保全法および工場排水規制法が制定されました。

しかし、漁業が再生することはありませんでした。千葉県は漁業権に補償したうえで、海洋を埋め立て経済開発していく方針を決めます。

64年に、県企業庁が主体となって埋め立て事業が開始されます。埋め立て事業は、66〜70年に順番に完成していきます。後のディズニーランド用地となるC造成地は最後の70年に完成しました。このあいだ、69年に待望の東京向けの直結鉄道路線である地下鉄東西線(当時営団地下鉄)が開通しました。東西線の開通は浦安の発展に大きく貢献します。

それまでは電車に乗るためには、国鉄市川駅まで出ないといけませんでした。市川駅へはバスで30分かかっていたので、浦安は東京との関係では大変不便な場所でした。私は学生時代の76〜78年のあいだ、浦安市内の民間アパートに住んでいました。当時、郷里から送られてくる鉄道貨物(当時は宅配便という便利なサービスもありませんでした)を最寄り駅

図70　浦安市の長期人口推移（市制施行前は町の数値、国勢調査）

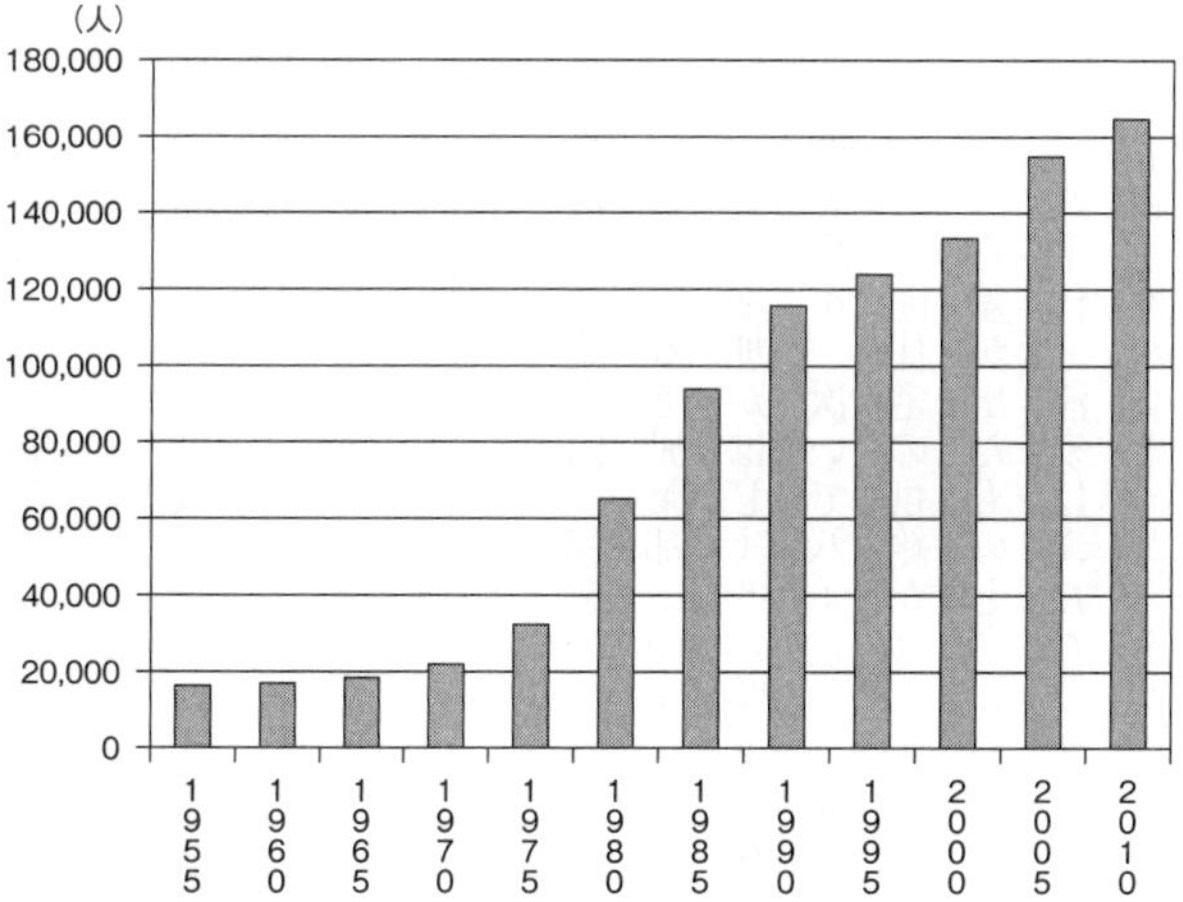

である市川駅に留め置かれた際は、バスで1時間半もかけて往復し閉口したことを記憶しています。

72年に護岸工事が完了し、本格的な都市建設が可能になります。そして、74年オリエンタルランドの遊園地建設計画が千葉県により承認されました。

この時点でも浦安は町でしたが、人口急増を受けて81年市制が施行されます。3市のなかではもっとも市制施行の新しい市です。市制施行後はさらに人口が増加し、多くの公共施設が建設されました。東京ディズニーランドが開業したのは83年のことでした。88年には、ディズニーランドの目前に停車するJR京葉線が開通し、新浦安駅・舞浜駅が開業しました。京葉線沿いはディズニーランドだけでなく多くの戸建て住宅、マンションが大量に供給されていきます。

図70は、浦安市の長期人口推移です。70年代に埋め立て地での宅地供給が開始され、80年代の市制施行、京葉線開通が契機となって急激に増加していることがわかります。その後も増加の傾向は止まっていません。

†沿線3市の人口を比べる

図71は3市の長期人口推移を一つの図に示したものです。絶対水準も増加傾向も非常に似通っていて、まるで兄弟都市のようです。

ただし、人口増加がはじまった時期には違いがあるようです。

最初に習志野市、次いで八千代市、浦安市の順になっています。習志野、八千代はすでに60年代から公団住宅の供給がはじまっている一方、浦安の集合住宅の本格供給は80年代であることから差が出たものと考えられます。

その後、八千代と浦安はふたたび90年代以降増加がはじまります。両市とも新たな鉄道が開通して利便性が高まったことが理由と考えられます。習志野は両市に比べると率は高

図71　3市の長期人口推移

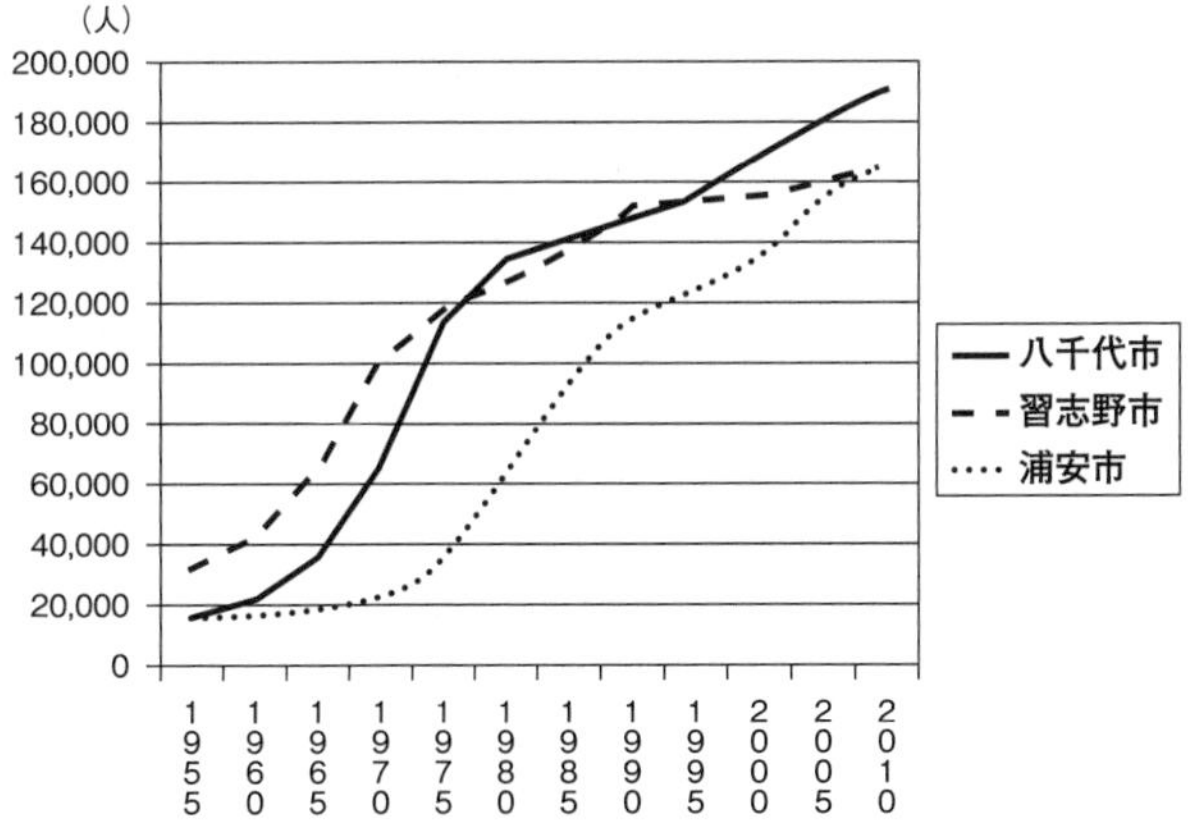

図72　3市の東京都への時間距離（分）と公示地価（円／㎡）

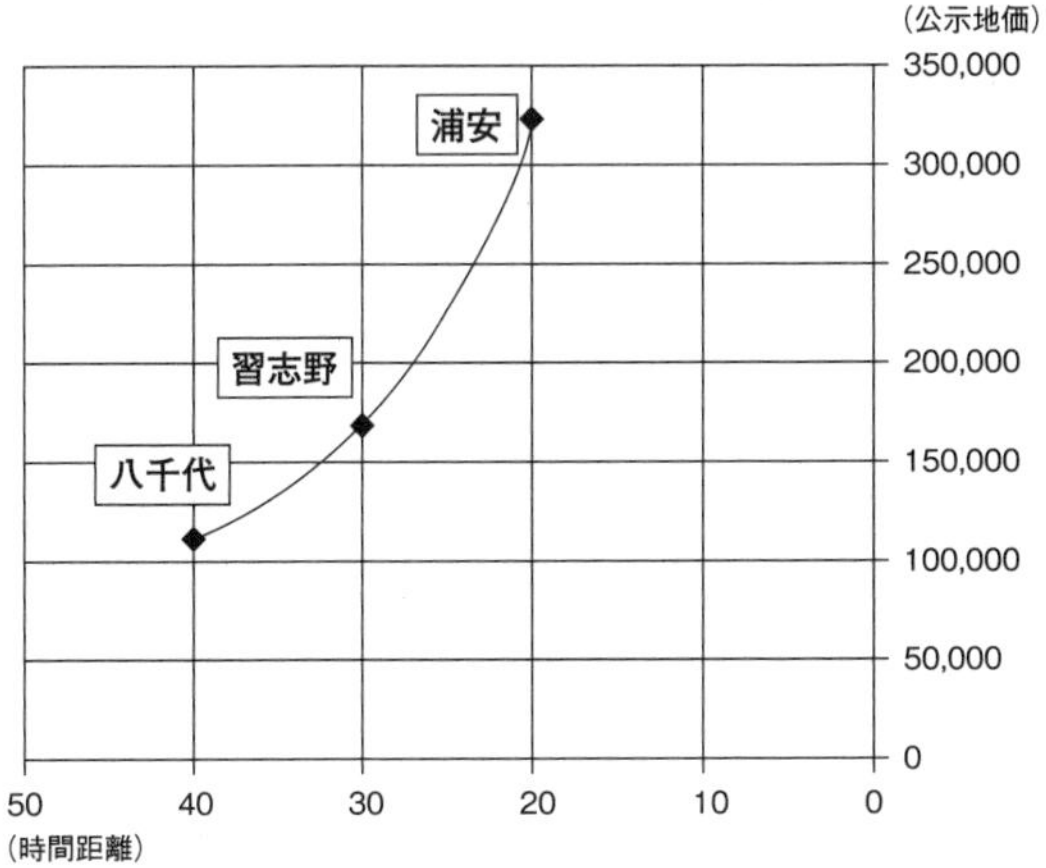

くはありませんが、着実に増えているようです。

こうして見ると、東京都への時間距離に差があるにもかかわらず、各市とも人口が増加していることがわかります。時間距離が近ければ便利な一方、土地代も家賃も高いのでバランスが取れているのだと思います。それを探る方法として、土地価格と比較する方法を紹介しましょう。

時間距離と2011年公示地価データを比べたのが図72です。横軸が時間距離、縦軸が公示地価です。八千代、習志野、浦安のそれぞれの時間距離と公示地価の組み合わせが点で示されることによって、両者の相関関係がわかります。ここでは累乗近似という方法を使っています。右上がりになっていることは、「時間距離が短くなるほど地価が高くなっている」ことを示しています。これによると、3市はほぼ同じような線上にあり、時間距離に見合った地価になっていることがわかります。

つまり、駅からの時間距離を優先する人は、多少家賃が高くても、部屋が狭くても近さを優先するということ、値段や広さを優先する人は多少時間距離が遠くなっても良いとする傾向が現れているのです。この傾向は、年代と関係があるように思います。つまり、子どものいないもしくは小さい世代は時間距離の便利な方を選び、子育て世代は同じ所得で

図73　3市のコーホート図（2005～10）

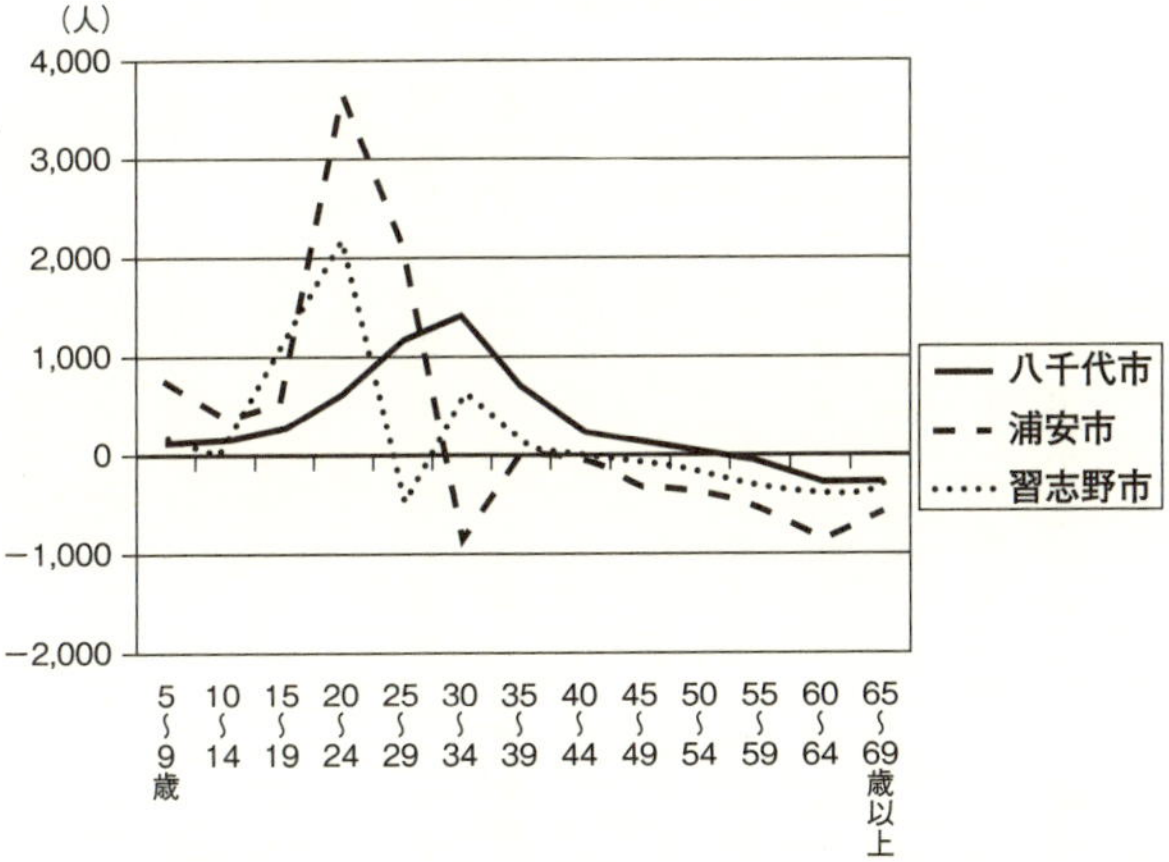

も広さを求めるために時間距離の優先度は下がるということが推測されます。

†単身世代と子育て世代の違い

この推測が正しいかどうかを調べる方法がコーホート分析です。図73をご覧ください。

まず、20～24歳の大学生・就職期です。この年代は3市すべてがプラスになっています。

3市とも大学があります。浦安には、明海大学、順天堂大学医療看護学部、了徳寺大学、習志野には千葉工業大学、日本大学生産工学部、八千代市には秀明大学、東京成徳大学が存在します。これらの大学に通う人たちか、もしくは都心の大学に通うために通学に便利なこれらの都市に住む人たちが大量に流入していることを示唆しています。特に、浦安市は都心に最も近く、学生にとっても非常に便利な立地にあります。20〜24歳世代には大学卒業後の第一次就職期の人口も含まれます。就職したての頃はまだ家庭も持っておらず、部屋の広さよりも便利さを重視する傾向があると思います。

若い世代は時間距離の短い方を選ぶという先ほどの推測通りの結果でした。

しかし、30〜34歳以降になると様相が変わってきます。

浦安は30〜34歳世代はマイナスとなり、35歳以上でもプラスになることはありません。習志野は25〜29歳でマイナスになりますが、30〜34歳世代にプラスに戻り、その後ほぼ横這いになっています。八千代は25〜29歳のプラス幅が拡大し、さらに30〜34歳世代でプラス幅が大きくなります。40歳台も小幅ながらプラスになっています。30〜34歳以降では、「浦安＜習志野＜八千代」の順になっています。

子育て世代になると時間距離は優先ではなくなるという先ほどの推測通りの結果でした。

以上の検討では、東京都心との時間距離を考えました。しかし、それは東京に通う人が多いことを前提にした議論です。次に、その前提が正しいかどうかをもう一度確認しておきましょう。それを行う分析が従業通学人口分析です。

†東京との関係を考える

図74は、習志野市の従業・通学状況です。習志野市に常住している従業・通学者8万9811人のうち、東京都への従業・通学者が2万8168人と31％にのぼっています。近隣の船橋、千葉、市川を全部合計してもその八割ほどですので、東京への通勤・通学者の割合の高さは顕著です。

図75は、浦安市の従業・通学状況です。浦安市に常住している従業・通学者8万9853人のうち、東京都への従業・通学者が4万3727人と49％にのぼっています。東京に隣接しているという状況があるにせよ、この水準は驚異的です。市内にはオリエンタルランドという大企業があり、関連企業も含めると市内に多くの雇用をつくりだしていると思いますが、それよりも東京に通勤・通学する人が多いのです。

八千代市の場合は、この数値は26％でした。

東京からの距離が遠くなるにつれて数値が下がっていますが、その地域に住んで仕事をしたり学校に行ったりしている人の26％～49％が都内に通っているということは、千葉都

図74　習志野市の従業・通学状況

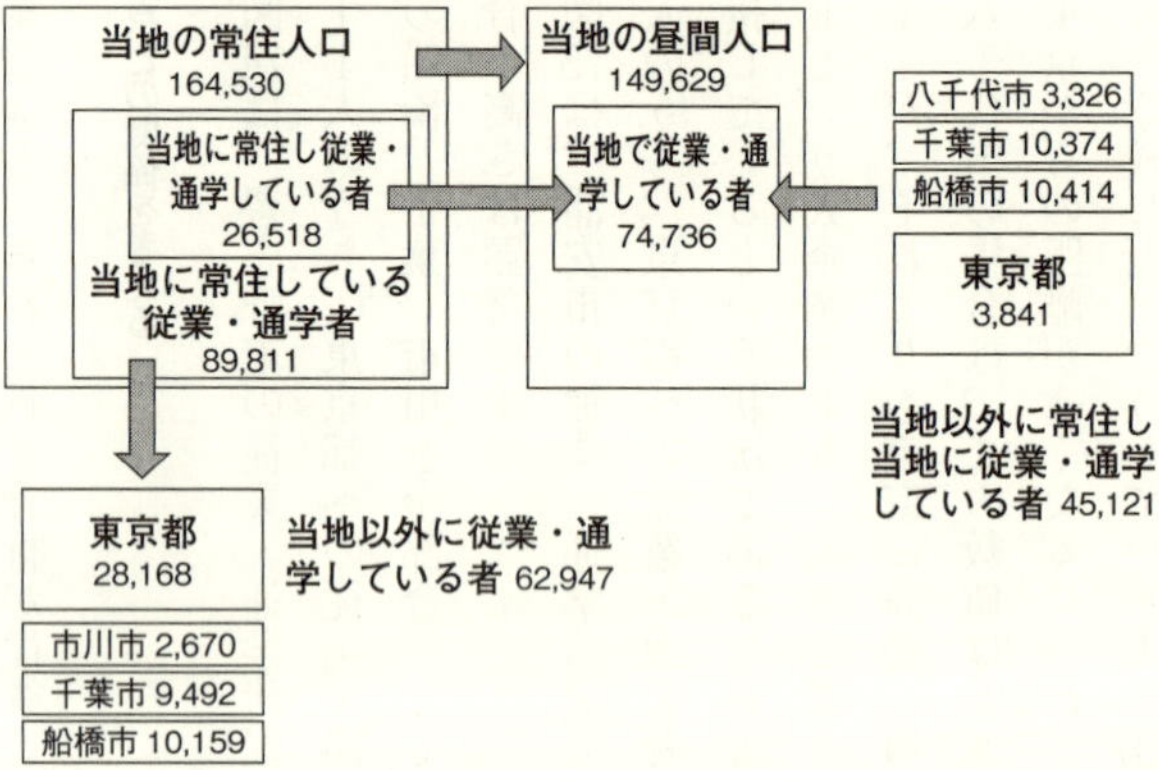
当地の常住人口
164,530
当地の昼間人口
149,629
当地に常住し従業・通学している者
26,518
当地で従業・通学している者
74,736
当地に常住している従業・通学者
89,811
八千代市 3,326
千葉市 10,374
船橋市 10,414
東京都
3,841
当地以外に常住し当地に従業・通学している者 45,121
東京都
28,168
当地以外に従業・通学している者 62,947
市川市 2,670
千葉市 9,492
船橋市 10,159

図75　浦安市の従業・通学状況

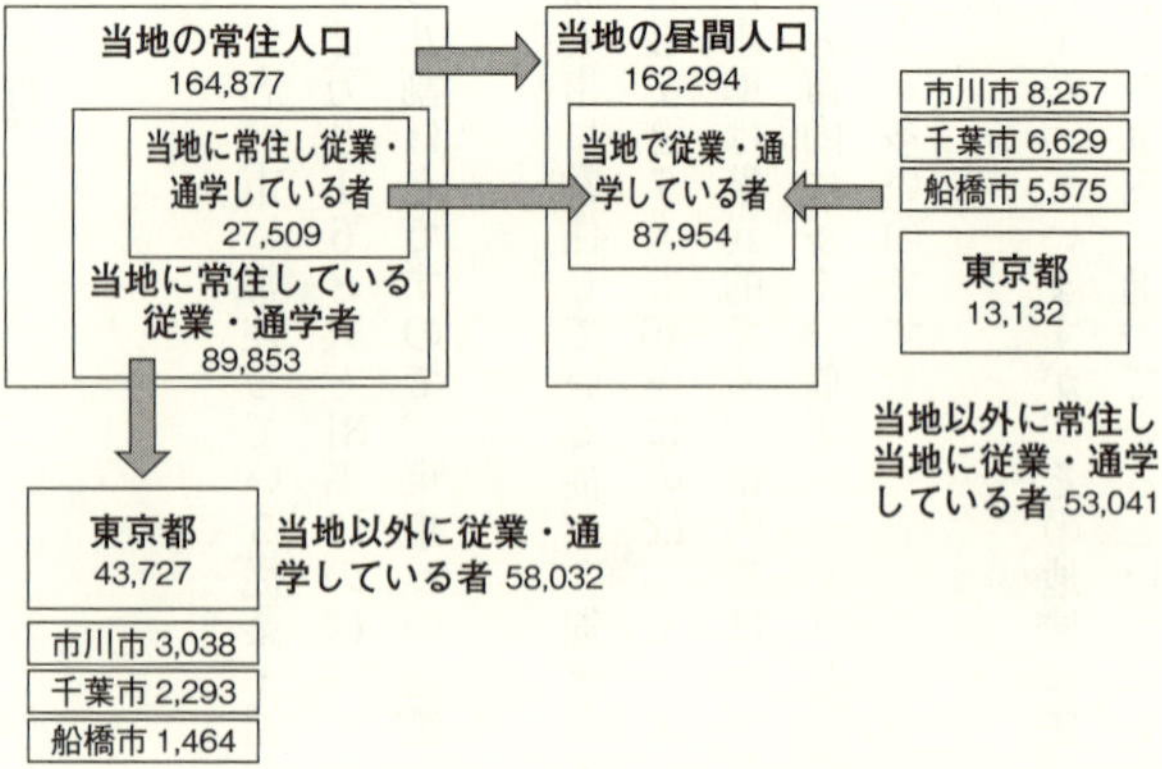
当地の常住人口
164,877
当地の昼間人口
162,294
当地に常住し従業・通学している者
27,509
当地で従業・通学している者
87,954
当地に常住している従業・通学者
89,853
市川市 8,257
千葉市 6,629
船橋市 5,575
東京都
13,132
当地以外に常住し当地に従業・通学している者 53,041
東京都
43,727
当地以外に従業・通学している者 58,032
市川市 3,038
千葉市 2,293
船橋市 1,464

図76　3市の東京従業・通学比率

	常住人口	当地に常住している従業・通学者（a）		
			東京都に従業・通学している者（b）	（b）／（a）
八千代市	189,781	95,182	24,758	26.01％
習志野市	164,530	89,811	28,168	31.36％
浦安市	164,877	89,853	43,727	48.67％

民がいかに多いかを示していると思います。こうした需要に合わせて土地の価格も決まっていくのでしょう。3市の東京への従業・通学比率は図76に示しておきます。

†人口増加が招くインフラの老朽化

以上の通り、3市は人口増加という他地域からみればうらやましい状況にあります。そのため、都市経営上何の不安もないと思いがちです。しかし、実は、この人口増加こそが大きな問題を招いてしまっています。

公共施設・インフラの老朽化問題です。

3市とも60～80年代の人口増加は著しく、それまでの6～8倍になっています。人口急増に合わせて、学校、庁舎、公民館、図書館などの公共施設の他、道路、橋、上水道、下水道などのインフラが大量に建設されました。人口が増えればそれに合わせて公共投資をせざるをえません。

しかし、こうした公共施設、インフラは建設後40〜50年を経て老朽化が進んできました。公共施設やインフラは物理的なモノですから、いずれは古くなって使えなくなっていきます。その目安はだいたい50年だといわれています。このまま何もしなければ、学校や市役所が壊れたり、道路に穴が開いたり、水道管が破裂するという悲惨なことになってしまいます。

おおげさな話ではありません。62年に開通した首都高速道路には無数のひび割れが発見され、2012年6月の「首都高速道路構造物の大規模更新のあり方に関する調査研究委員会」では全線の25%の更新が必要と報告されています。56年に完成した浜松市の原田橋という吊り橋は崩落の危険があるとして、2012年4月から約2カ月間通行止めになりました。現在、通行止めまたは通行制限がかかっている橋は全国で1900あります。京都市の水道管は、老朽化のため2011年1年間で3回の破裂事故を起こして断水する事態になっています。東日本大震災では、現行法制度が求める基準の震度7に満たず、かつ津波被害がないにもかかわらず、全国で多くの公共施設が使用不能に陥りました。築77年の九段会館（東京）では天井が崩落し2名の方が亡くなり、管理者が業務上過失致死傷で訴えられるという事態になっています。もはや老朽化を見すごすことは罪になるのです。

壊れる前につくり替えなければならないのですが、多くの施設やインフラがいっせいに老朽化しているので必要な金額は増える一方です。しかも、高齢化が進んでいるため税収は伸び悩み、社会保障費用は大幅に増加していて、他から予算を回すこともできません。「増加する需要を減少する予算でまかなう」というジレンマに陥っているのです。

私は東洋大学PPP研究センターのセンター長として、この問題に対処するために、自治体ごとに将来の予算が足りているかどうかを計算できるソフトウェアを開発しています。このソフトを使って多くの自治体の実状を計算しましたが、今まで計算したすべての自治体で、大幅に予算が不足するという結果が出ています。

3市は早目に公共投資を行っていますので、それだけ問題が早く顕在化するはずです。さらに人口が増えているので、整備が必要な分野もあり対策も簡単ではありません。他の地域よりも問題は深刻だと考えるべきでしょう。

習志野市はこの問題にいち早く着目し、全国に先駆けて公共施設マネジメント白書というデータブックを作成し公表しています。2011年の東日本大震災では、市役所本館が大きく揺れ全壊の危機に瀕しました。震災がきっかけになっていますが、本当の原因は老朽化です。震災後の耐震診断の結果、使用は危険と判断され、建て替えるまでの間民間ビル（旧ホテル）に移転することになりました。庁舎以外の他の施設もインフラも老朽化していますので、とても危険です。

今までと同じ公共事業のやり方では「増加する需要を減少する予算でまかなう」のは無理です。習志野市はもちろんですが、八千代市も浦安市も、ぜひ、不要不急の投資は避けることは言うに及ばず、学校と公民館などの施設統廃合や思い切って民間の知恵を取り入れるなど、全国の模範として取り組んでいただきたいと思います。それが人口を増やしている地域の義務ではないでしょうか。

ケース⑩ 国境に近い町 北海道稚内市・沖縄県石垣市【都市再生計画】

本節は遠い地域の物語です。最北端の北海道稚内《わっかない》市と最南端の沖縄県石垣《いしがき》市です。2000年代中盤に小泉政権の都市再生のスローガンとして打ち出された「稚内から石垣まで」というフレーズを参考にしています。今まで紹介した町とはまったく違いそうな気がします。

都市再生政策の背景——民の力を使う工夫のはじまり

まず、都市再生政策の背景をご紹介します。

2001年度に成立した小泉政権は、「民でできるものは民で」を政策スローガンにしました。具体的な内容として取り入れられたのは、「①公共か民間かのいずれが良いかを判断するときの数値的な合理性の追求、②その結果を客観的に反映し広く民間の意見を募集するための透明な手続き、③約束したことを守るという契約によるガバナンス（統治)」など、従来の公共事業の進め方を根底から変えるものでした。

　当時、日本はバブル崩壊後の失われた10年をすごしていました。長引く不景気に加え、95年の阪神・淡路大震災の影響もあり、何度も景気対策と称して公共事業の追加を行っていました。当時を振り返った関係者は、「地方には差し迫った必要性があったわけではなく国の要請に応じた」と語っています（2012年3月「NHKスペシャル」での石原信雄元官房副長官インタビュー）。

　高度成長期、バブル期に肥大化した公共投資関連業界のために、仕事を作り出すための景気対策だったといわれても仕方がありません。これらの費用をまかなうため多額の国債が発行されました。「公共投資に使う建設国債は、資産が増えるのだから負債が増えても問題ない」と考えている人がいますが、これは誤解です。国債の元本と金利は、お金で返さなければなりません。公共投資が経済力を支えて税収を増やせば良いのですが、常にそうなるとは限りません。投資された資産には維持費も必要です。税収が増えなければ負債は単なる重荷になります。

　OECD（経済協力開発機構）の統計によると、94年時点での日本の負債依存度はOECD平均程度でした。しかし、景気対策を本格化させた90年代中盤以降急速に悪化していき

図77　OECD 負債依存度（負債対名目 GDP 比）

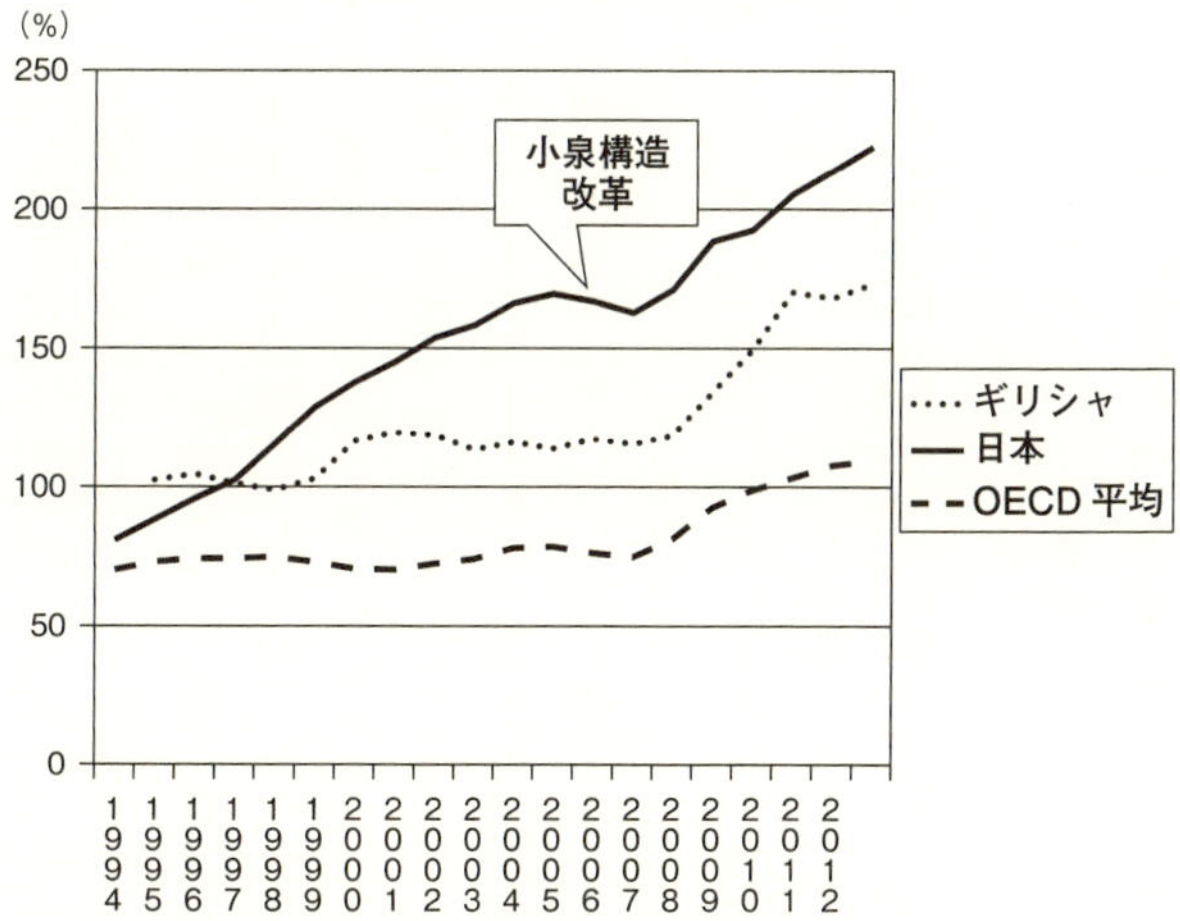

ます。99年時点では130％となり先進国中最悪の水準になりました。

小泉政権の「民でできるものは民で」は、こうした財政悪化を食い止めるために打ち出されました。医療や福祉を含む歳出の大幅なカットは、「国民に痛みを強いたうえ所得格差を増大させた」との批判を受けることになりますが、悪化する負債依存度を引き下げようとした唯一の政権であったことも事実です。小泉政権以前はもとより、小泉政権以降も負債依存度は高まるばかりです。今や財政破綻したギリシャよりも高く、200％を超える水準になっています。

この図77をみてもわかるように、日本

はもともと過大債務を抱えていませんでした。高度成長期・バブル期に公共サービスのレベルは大幅に上がりましたが、それは右肩上がりの経済から得られた税収と見合ったものでした。しかしバブル崩壊後に右肩上がり経済が終焉を迎えても、日本人はそれまでのレベルを求めました。税収が伸びないなか、不足資金は負債に依存することになりました。現状を見ると、「この20年間の財政運営はばらまきだった」といわざるを得ません。

小泉政権下では、99年小渕政権で導入されたＰＦＩ（公共施設整備を民間資金で行う方法）の普及を進めるとともに、公共施設の管理運営を民間に広げる指定管理者制度や、公共サービスの発注の際に官と民が競争入札を行う市場化テストなど新しい手法が導入されました。

そして、その一環として打ち出されたのが都市再生です。02年に施行された都市再生特別措置法には、官が担う公共事業ではなく、できるだけ民の力を入れるとともに、手続きの簡素化や規制緩和などの民が力を発揮しやすい工夫が盛り込まれました。いわば小泉構造改革の都市版です。

都市再生と銘打っていますが、大都市圏だけの政策ではありませんでした。全国の地方都市でも地域再生を目的として、全国都市再生モデル調査という調査事業が開始されました。そのときに用いられたフレーズが「稚内から石垣まで」でした。全国津々浦々という意味でした。私は、当時、内閣府の都市再生戦略チームの調査員をしていました。座長の伊藤滋先生自身が考えたフレーズと聞いています。

本書でも取り上げた北海道伊達市の「医療・福祉の推進とバリアフリーのまちづくり」や山口県下関市の「海峡と歴史を生かした観光まちづくり」など多くのモデル調査が行われました。地方圏だからといって公共事業に頼るのではなく、民間の力を使った何らかの工夫が求められていたのです。

本節では、そうした地域が、いかに都市再生計画に対応しているかを見ていくことにします。まず、最北端の稚内市から紹介しましょう。

†稚内市の歴史といま

稚内市の宗谷岬《そうや》からサハリンのクリリオン岬まではおよそ43キロメートルで、日本で最もロシアに近い地域になります。

貞享2（1685）年に、松前藩が宗谷に藩主直轄の宗谷場所を開設したことに端を発します。港湾として恵まれた地理条件を備え、良質な漁場に恵まれたため漁業の町として

図78　北海道稚内市の位置

発展しました。地名の「わっかない」は、アイヌ語で「冷たい飲み水の沢」を意味する「ヤム・ワッカ・ナイ」に由来します。

その後、北洋漁業基地として栄えますが、特に、1923年、樺太《からふと》との間に定期航路が開設されてからは、交通運輸の基地として人口が増加し、49年には市制が施行されました。その頃は缶詰、冷凍食品、干物・乾物などを生産する水産加工業も盛んでした。しかし、その後の1976年、旧ソ連の排他的経済水域が指定されると、漁場を失った稚内の漁業は衰退します。現在でも、漁業（特にミズダコは有数の水揚げ量）、水産加工は主力産業ですが規模は大きく縮小しています。

農業では酪農が中心です。主力の牛乳は、大規模な酪農家が生産し、全脂粉乳、脱脂粉乳などの乳製品に加工されています。稚内農業協同組合は、低温殺菌ノンホモ牛乳「稚内牛乳」を販売しています。宗谷岬牧場は宗谷黒牛という肉牛も生産しています。

観光資源は、最北端の宗谷岬、宗谷丘陵、利尻礼文《りしりれぶん》サロベツ国立公園、稚内公園などがあります。しかし近年では、北海道の観光自体が低迷していることに加え、97年から行動展示を導入して一躍全国区に躍り出た旭川《あさひかわ》市の旭山動物園や、2005年に世界自然遺産に登録された知床《しれとこ》の人気の高まりから、距離が遠い稚内の観光客数は減少を続けています。

このように経済全般としては低迷しているといわざるを得ませんが、そのなかでも将来に夢をつないでいるのが、ロシアのサハリン州との交流です。95年には、サハリンとの定期航路が復活して経済交流が行われています。

✝最北端にふさわしい町づくりとは何か

稚内市の都市再生整備計画は、こうした状況で策定されました。

02年に「都市観光の推進」をテーマとした取り組みとして採択を受けています。さらに、これを具体化して、「市街地総合再生計画」「中心市街地活性化基本計画」を策定するとともに、その基本テーマを〝日ロ友好最先端都市の形成〟としています。内容としては、「①古くからある「生活街」としての顔、②「最北の地」ならではの全国的な知名度、魅力、③港町、かつての底引船基地ならではの「海の賑わい感」、④サハリンへの玄関口としての異国情緒と国際性を生かし、賑わいにあふれ、来訪者の最北へのあこがれに応える

図79　稚内市の長期人口推移

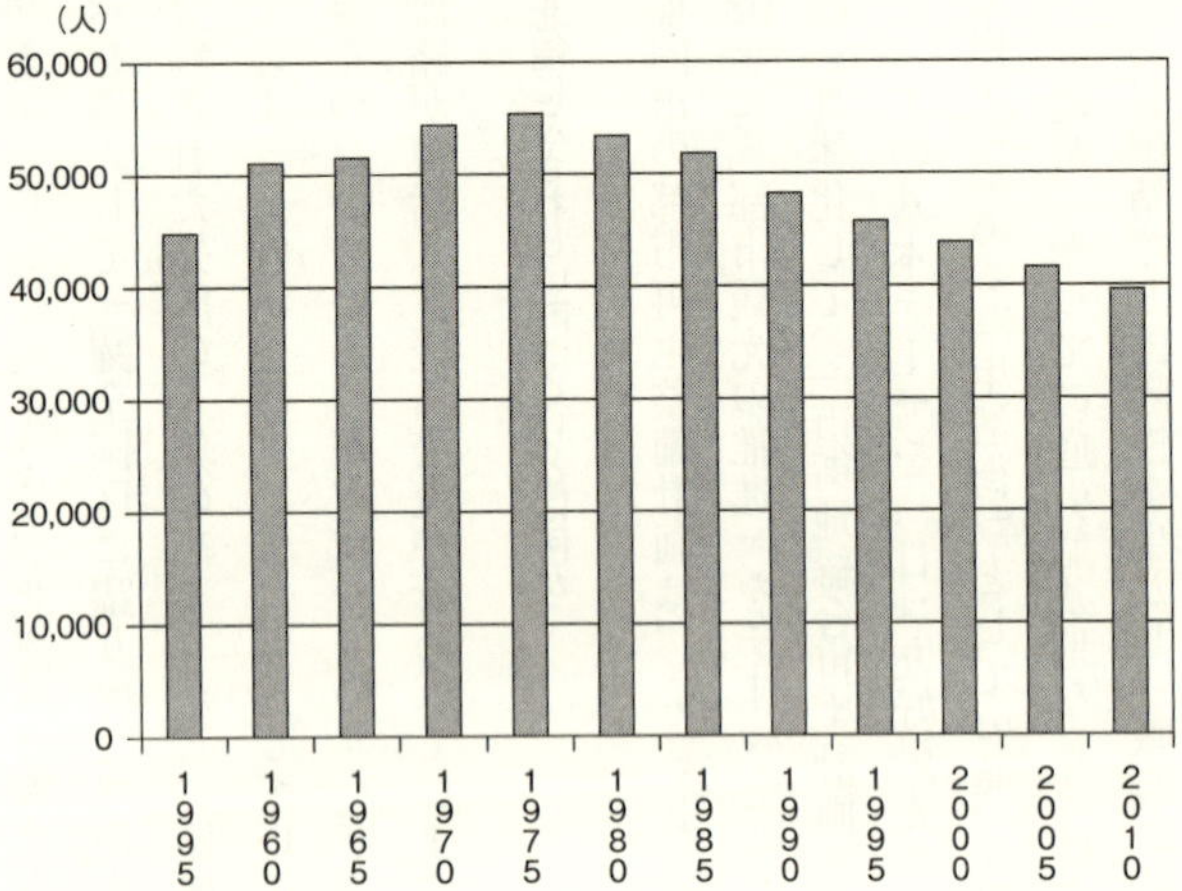

国際性の高い町づくり」が掲げられています。最北端の町には、最北端にふさわしい町づくりがあるということです。

図79は、長期人口推移です。ピークは75年でそれ以降、徐々に減少を続けています。02年には過疎地域の適用を受けています。都市再生の意欲はあるものの、その成果は少なくとも人口面には明示的には現れていないようです。

図80はコーホート図です。00〜05年と05〜10年のコーホートを別々に表示していますが、基本的な傾向は変わりません。

・15〜19歳の高校生・大学生期、20〜24

図80　稚内市のコーホート図

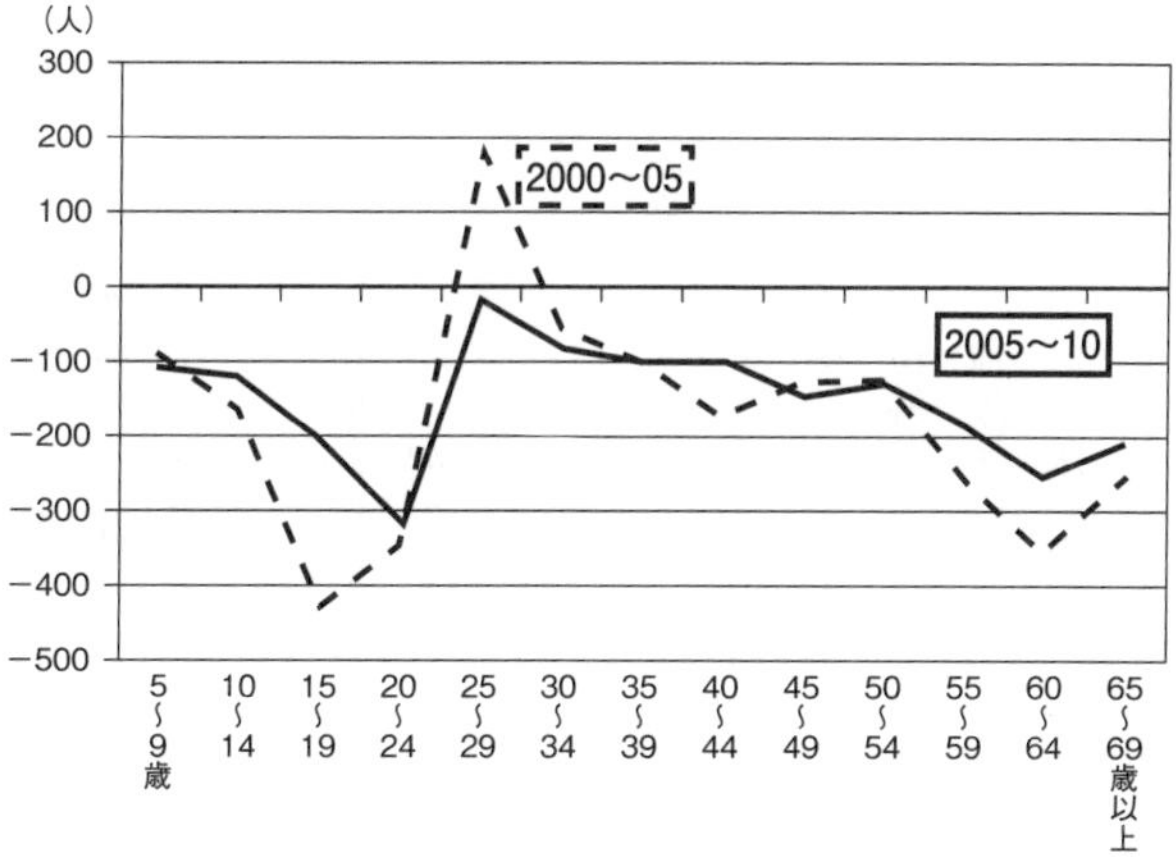
（人）
300
200
100
0
−100
−200
−300
−400
−500
2000〜05
2005〜10
5〜9歳
10〜14
15〜19
20〜24
25〜29
30〜34
35〜39
40〜44
45〜49
50〜54
55〜59
60〜64
65〜69歳以上

図81　稚内市の従業・通学状況

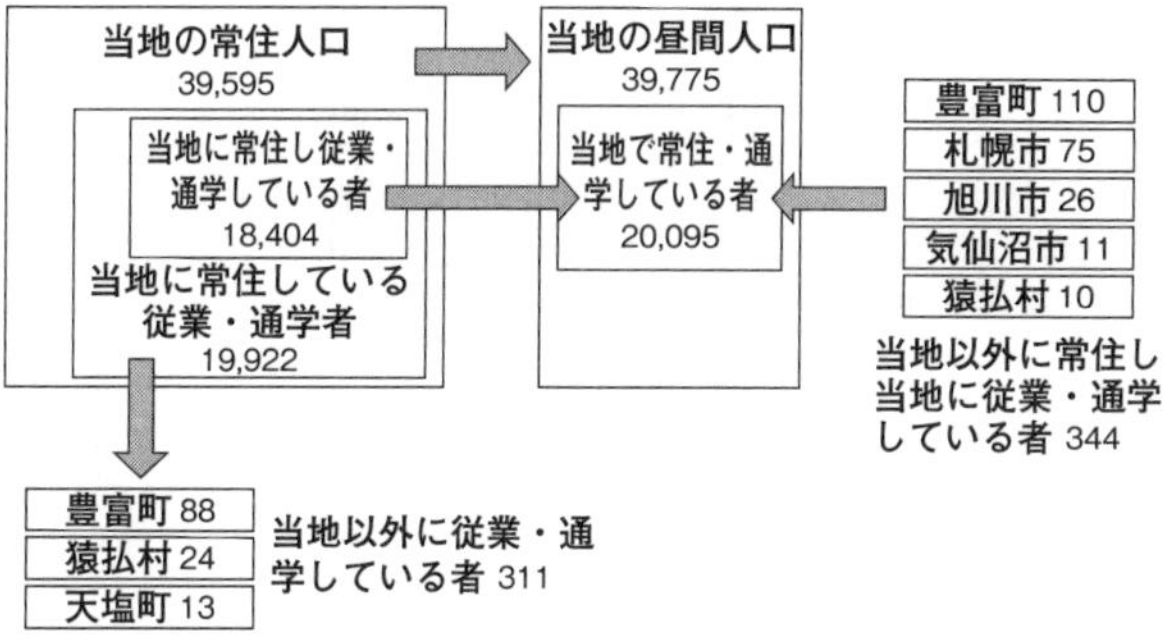
当地の常住人口
39,595
当地に常住し従業・通学している者
18,404
当地に常住している従業・通学者
19,922
当地の昼間人口
39,775
当地で常住・通学している者
20,095
豊富町 110
札幌市 75
旭川市 26
気仙沼市 11
猿払村 10
当地以外に常住し当地に従業・通学している者 344
豊富町 88
猿払村 24
天塩町 13
当地以外に従業・通学している者 311

歳の大学生・就職期に大幅にマイナスになっている
・その後25~29歳の就職期ではほぼプラスマイナスゼロ（00~05はプラス）になっている
・30歳以降はマイナス傾向が続いている

市内の教育・雇用機会の少なさから若者世代が大量に流出し、その後のUターンやIターンもないということが示唆されています。なかなか厳しい状況であることには変わりないでしょう。

図81は従業・通学状況です。

市に常住する従業・通学者1万9922人のうち市外へ従業・通学する人が311人であり、市内での従業・通学が大半を占めています。一方、市内で従業・通学している人2万95人のうち、市外から通っているのも344人にすぎません。日本最北端であるため交通の便が悪く、他地域に出ていくことも入ってくることも難しいことがわかります。従業・通学ともに関係が深いのは、お隣の豊富町《とよとみ》です。

厳しいことには変わりありませんが、実は、従業・通学分析のおもしろさは、少数の特徴的な人の移動を探し出すことにあります。常識では考えられないような移動をするからにはそれなりの理由があるはずです。その理由のなかに、大きな意味が隠されているかもしれません。その意味を掘り下げていくと、新しいヒントを思いつくかもしれません。

もう一度図81をご覧下さい。

市外からの従業・通学者の二番目に大きな市が札幌《さっぽろ》市です。75人が従業・通学しています。このうち73人が従業、つまり仕事をしにきています。札幌と稚内を結ぶJR特急で5時間。飛行機は1時間ですが、空港からの接続を考えると3時間はかかりますし、そもそも便がほとんどありません。とても毎日通勤・通学できるような地理関係ではありません。おそらくは札幌市内に居住し、平日は稚内で働いて週末は札幌の自宅ですごす人たちがいるのだと思います。札幌本社の企業の支店、支社などです。国勢調査は生活の本拠地を答えるアンケートですから、こうした場合は、「札幌市に常住して稚内市に従業する」という回答をすることになります。

もっと驚くことがあります。四番目に入っている宮城県の気仙沼《けせんぬま》市です。2010年の国勢調査ですから東日本大震災の影響はありません。ここから先は推理です。まずは、稚内と気仙沼をつなぐキーワードを考えます。二つの市の名前を入れてネットで検索すれば良いです。正解にはたどり着けなくても共通に関係していることは自然に見えてきます。そうすると、たぶん漁業だろうということがわかります。漁業とはいえ、毎日はもちろん週1回でも実際に通勤することはできませんので、ちょっと変わった形態だろうということになります。たとえば、気仙沼に住んでいる漁船の船員さんが遠洋漁業の漁船で働いていて、その本拠港が稚内であるというケースです。そういう人がいるのかどうか、ここからあとは地道に足で稼いでいけば正解にたどり着けるでしょう。東日本大震災の後、実際に稚内の漁業関係者が、持船を失った気仙沼の漁業者に漁船をプレゼントしています。漁業を通じて両市に深い関係があったことは間違いありません。良い話ですね。

†石垣市の歴史といま

次は石垣市です。石垣市は、西表《いりおもて》島、与那国《よなぐに》島を含むいわゆる八重山諸島の中の石垣島と尖閣諸島などの13の島からなりたっている市です。わが国の最西端、最南端に位置しています。

明治時代は、八重山諸島は全体で八重山村と称していました。その後、1914年に石垣村、大浜村、竹富村、与那国村の4村に分村しました。石垣島には、43年、旧日本海軍の飛行場が建設されました（現在の石垣空港）。太平洋戦争末期の沖縄戦では、地上戦こそありませんでしたが、軍による命令で住民の強制疎開が行われた先でマラリアが猛威をふるい、八重山全体で2万人以上の罹《り》患者と、4000人近く（人口の11％）の犠牲者を出したという悲惨な出来事がありました。

戦後の47年に市へと昇格し、その後の64年に大浜町と合併し現在の石垣市になりました。67年には南西航空が設立され国産航空機YS11も就航し、72年の本土復帰後は利用客の増加にともない、79年から空港がジェット化されて本土との交通の往来が急増しました。石垣港と市街地周辺にはホテル、飲食店、スーパーが並び、港には定期船が発着しています。現在、石垣島には八重山諸島の大半の人口が集中しています。

図82　石垣市の位置

なぜ石垣市の人口は増えているのか

石垣市でも都市再生が実施されています。テーマは中心市街地地区の再生です。老朽化した公設市場を修繕するにあたり照明・サインやトイレを整備したり、排水設備の整備で大雨の冠水被害を防止したり、まちなか交流館「ゆんたく家」というコミュニティ施設建設が行われました。「ゆんたく家」は、観光客用ビジターセンターであり公民館であり、結婚式も行われるなど多くの目的で使われています。

図83は石垣市の長期人口推移です。稚内市と逆に徐々に増加しています。最西端、最南端でありながら人口が増加しているのは不思議なことかもしれません。誰がどのような目的で転入しているのかを調べるためにコーホート分析を行いましょう。

図84をご覧下さい。石垣市は00〜05年、05〜10年とも同じ動きをしています。

・15〜19歳、20〜24歳に大幅にマイナスになっている
・25〜29歳に大幅にプラスになっている
・30〜34歳以降もプラス傾向が続いている

これは明確な傾向です。中学校卒業、高校卒業を機にいったん島を出た人たちが、25〜34歳頃に、多数Uターンしていること、また魅力を感じて島で働こうとする人がIターンしていることが分かります。

図83　石垣市の長期人口推移

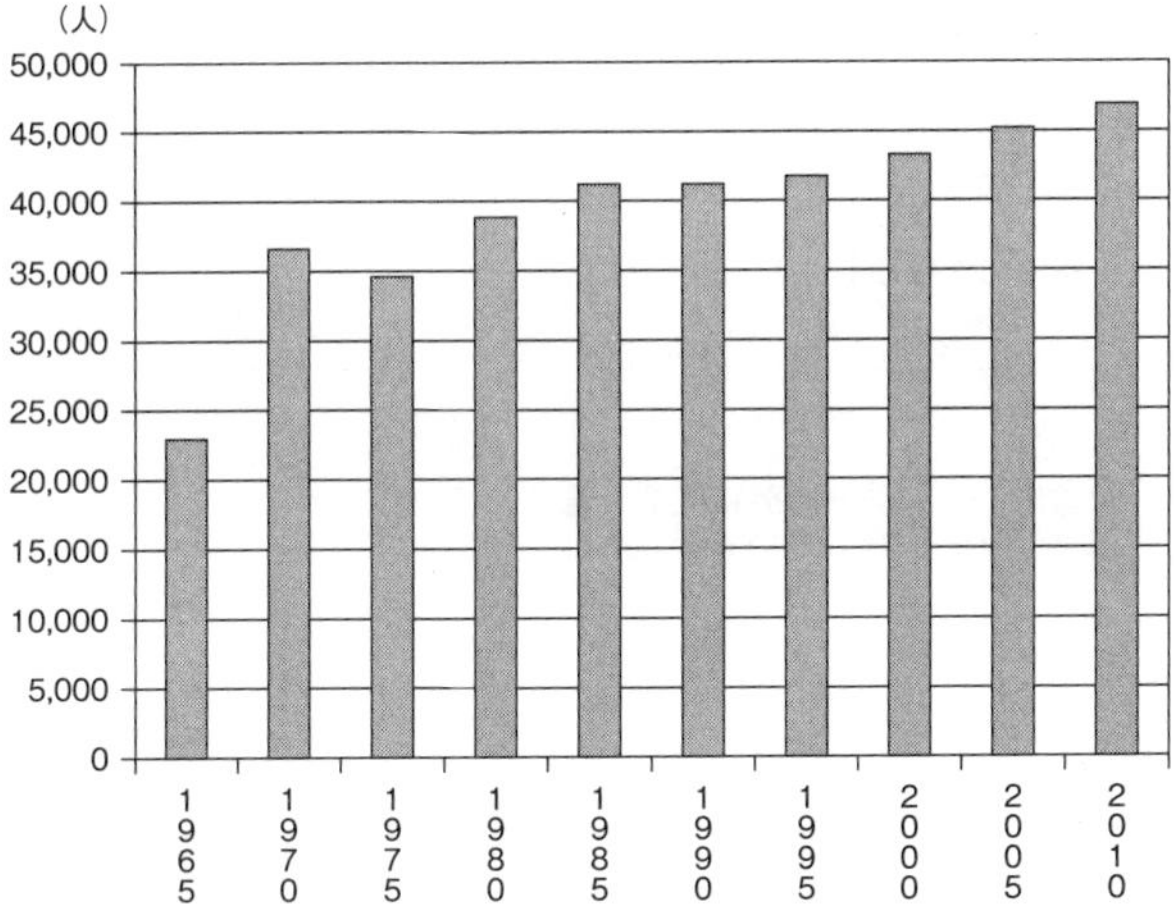

図84　石垣市のコーホート図

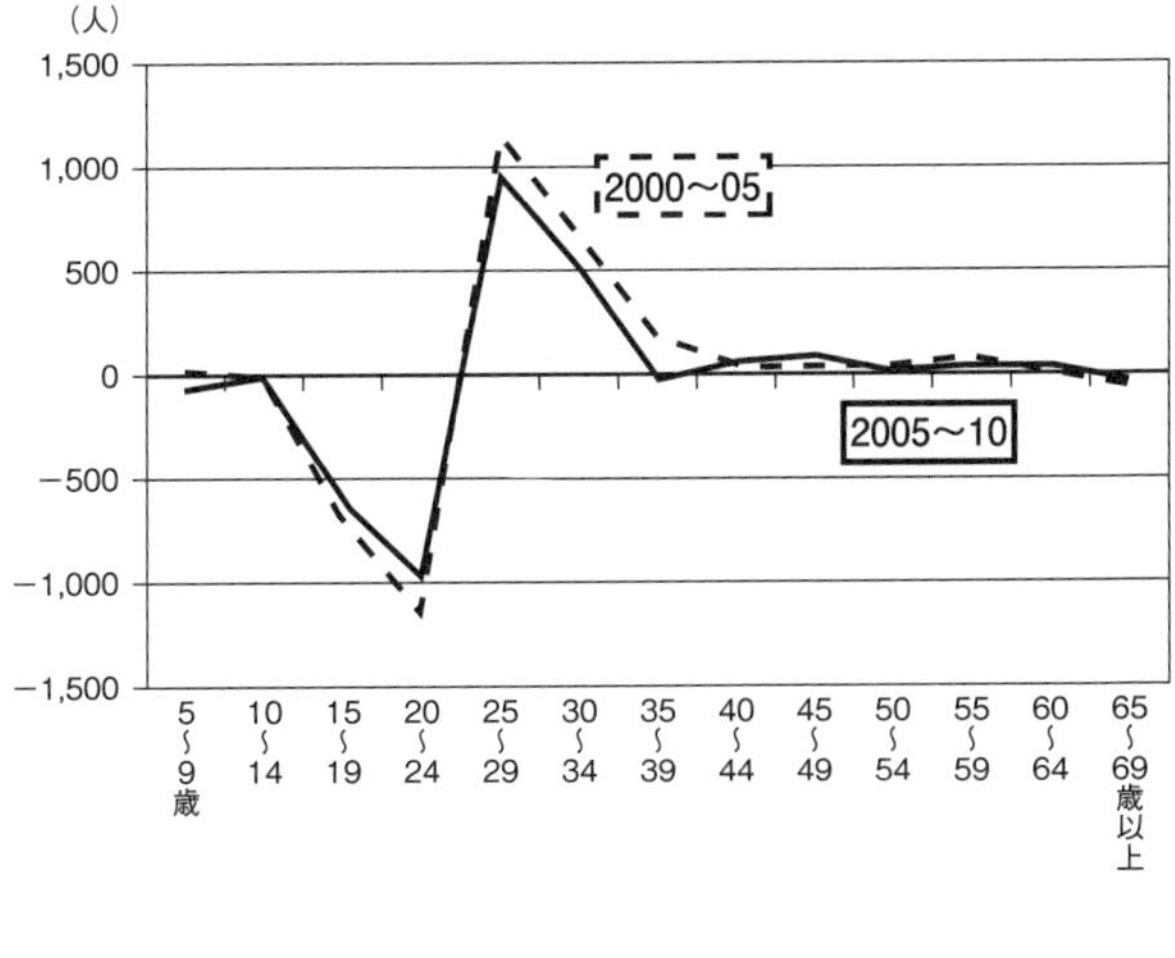

図85　石垣市の従業・通学状況

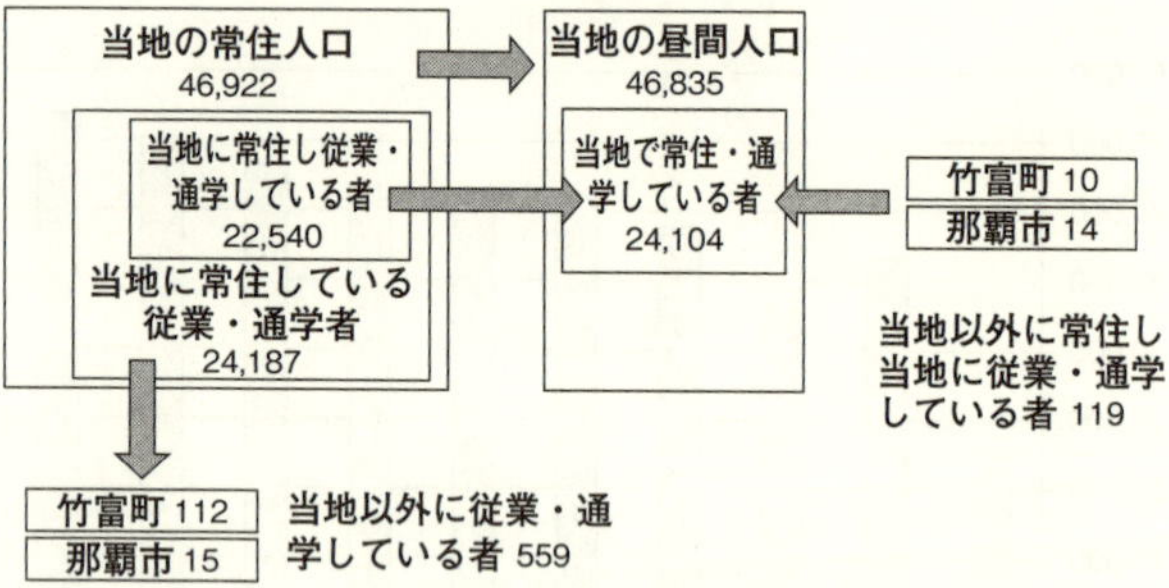

図85は従業・通学状況です。稚内市同様、常住している従業・通学者のうち、市内で従業・通学している人の割合が非常に高くなっています。島嶼部《とうしょぶ》という事情が理由です。島外に出ている人のうち最大は西表島・竹富島などで構成されている竹富町です。沖縄県の県庁所在地である那覇《なは》市との出入りも10名以上にのぼっています。

10名以上移動している地域は図以外にはありません。しかし、1～2名の従業・通学者は全国に散らばっています。札幌、函館、北広島、仙台、つくば、高崎、藤岡、さいたま、秩父、君津、目黒、世田谷、葛飾、江戸川、国分寺、鎌倉、藤沢、小田原、長野、大垣、愛西《あいさい》、北名古屋、名張《なばり》、大津、長岡京、大阪、大東《だいとう》、門真、交野《かたの》、熊取、神戸、姫路、島根、浜田、岡山、呉《くれ》、北九州、福岡、筑紫野《ちくしの》、長崎、時津、熊本、宮崎、えびの、鹿児島、鹿屋《かのや》、枕崎、曽於《そお》の各市区町から51人が従業・通学しています。このうち、藤岡、鎌倉の各1名は通学者です。

国勢調査はアンケートですから、回答者がどのように回答したかの理由まではわかりません。しかし、各地から通勤通学できるような場所でないことは明らかです。たとえば、本業をリタイアして石垣市の会社の非常勤役員をしている人が県外に住んでいる、というような状況はあるかもしれません。それでも通学はわかりませんね。もし本書をご覧の方で、自分だと思い当たる方がおられたら、ぜひ教えていただければありがたいです。

†稚内市と石垣市を比較する

さて、以上の通り、「稚内から石垣まで」のスローガンではじまった全国都市再生ですが、今のところは、両者ではくっきりと差が出ているようです。

図86で両市の産業大分類別の従業者のウェイトを示します。これによって、それぞれの地域の産業構造がどのような特徴を持っているかを大まかに示すことができます。

稚内市は石垣市に比べて製造業のウェイトが高くなっています。ここから水産加工業が多いことが推測されます。ただし、全国平均よりは低い水準です。一方、石垣市は稚内市に比べて、宿泊業・飲食サービス業のウェイトが高いことが特徴です。稚内市も11・57

図86　両市の産業大分類別就業者ウェイト

	全産業	農林漁業	建設業	製造業	運輸業・郵便業	卸売業・小売業	金融業・保険業	不動産業・物品賃貸業	学術研究・専門・技術サービス業	宿泊業・飲食サービス業	生活関連サービス業・娯楽業	教育・学習支援業	医療・福祉
稚内市	100・00%	2・33%	11・80%	14・78%	7・52%	23・43%	3・18%	1・78%	1・46%	11・57%	5・25%	1・48%	5・53%
石垣市	100・00%	2・03%	9・73%	6・82%	7・19%	23・35%	1・34%	3・03%	2・77%	20・71%	5・81%	1・20%	8・26%
全国平均	100・00%	0・65%	7・39%	16・81%	6・11%	21・72%	2・72%	2・65%	3・05%	9・75%	4・64%	2・95%	9・63%

図87　両市の産業小分類別従業者数ウェイト

	宿泊業・飲食サービス業	宿泊業	飲食店	食堂レストラン	専門料理店	日本料理店	中華料理店	焼肉店	その他の専門料理店	そば・うどん店	すし店	酒場ビヤホール	バー・キャバレー・ナイトクラブ	喫茶店
稚内市	11・57%	3・92%	6・93%	1・00%	1・34%	0・42%	0・42%	0・33%	0・16%	0・18%	0・29%	1・15%	2・34%	0・33%
石垣市	20・71%	8・97%	11・23%	1・04%	2・98%	0・97%	0・66%	0・75%	0・61%	0・30%	0・17%	2・81%	2・44%	0・81%
全国平均	9・75%	1・31%	7・57%	0・92%	2・47%	0・79%	0・66%	0・32%	0・69%	0・38%	0・43%	1・22%	0・81%	0・60%

%と全国平均（9・75%）は上回っていますが、石垣市はそれをさらに上回る20・71%となっています。観光が盛んであることが示されています。

図87は業種を小分類にした図です。石垣市に多い宿泊業・飲食サービス業をさらに小分類にしました。小分類はかなり細かな業種までわかります。そば・うどん店や酒場・ビヤホールの数までわかるのでいろいろな調査に使えます。

これによると、石垣市には宿泊業、飲食店ともに全国平均、稚内市をはるかに上回る集中が見られます。特に、宿泊業は、全国平均の1・31%はもとより稚内市の3・92%をも大幅に上回る8・97%となっています。リゾートホテルや民宿が大きな雇用機会になっていることがわかります。

飲食店では、総合的・複合的な飲食店を意味する食堂・レストランはほぼ同じものの、専門料理店の中の日本料理、焼肉店や酒場・ビヤホールなどが非常に多いことがわかります。居酒屋や郷土料理店もこの中に含まれます。

以上を総合すると、稚内市は「漁業、水産加工業からの構造転換が遅れ人口の減少傾向に歯止めがかかっていない」一方で、石垣市は「観光業にシフトし雇用機会を創出して人口を増加させている」ことがわかりました。人口データを調べていくと、外見的には同じような地域でも内容はまったく違うことがわかります。私はどちらが良いといっているわけではありません。観光主体で進めるにも多くの課題があるので覚悟がいります。しかし、地域間競争を勝ち抜くにはその覚悟が必要です。覚悟したうえで観光で生きるのは一つの選択です。

さて、今、領土・領海に関心が集まっています。本書ではその議論はいたしません。だが一ついえることは、国境に近い地域を再生するにも、国の力だけでは不十分で、民間の知恵と力が必要だということです。漁業であれ、水産加工業であれ、観光業であれ、できるだけ税金に頼らずに雇用を創出しなければ長続きしません。国が民間のために安心してビジネスできるような環境を作り、民間がそれに応えて経済活動にチャレンジするという役割分担が必要です。

最後の節は、東日本大震災で甚大な被害に見舞われた岩手県の二つの自治体です。

ケース⑪ 広い視野で生きている町 岩手県紫波町・遠野市【災害援助】

✝東日本大震災と地域再生

２０１１年3月11日、私は東京大手町の大学のサテライトキャンパスで、翌日に予定されていた大学院入試の準備をしていました。大きな揺れに思わずテーブルの下に隠れましたが、あれほどの震災になるとはまったく思っていませんでした。入試は予定通り実施し、東京に来られない受験者には特別措置を考えればよいだろうと考えていました。今考えればなんと危機感のない対応だったのだろうと思います。

この大学院は社会人大学院なので全国各地から受験生が来ます。早速、大阪の受験生から、「今東海道新幹線に乗っているがどうすれば良いか」という問い合わせの電話が来ました。その時点では、都内の電車はすべて止まっていることはわかっており、東京にたどり着くことも難しいことは明らかでした。何度かやりとりして、最終的には、入試を中止し電話面接に切り替えることを決定しました。当然のように帰宅難民になった私は、サテライトキャンパスで夜8時頃から受験生に電話をかけました。延々と翌朝もかけ続けた電話は比較的つながりましたが、最後の一人の受験生となかなか連絡がつきませんでした。最終的に話ができたのは、自宅に戻った翌日の夜中でした。福島県郡山市役所の女性職員でした。自宅が被災したうえに対策本部に狩り出され、文字通り寝る間もない状況だったようです。

数日後には、院生や修了生から「大学院としても自分たちでできることをしよう」という提案がありました。私自身は、被災地に居住している学生の安否確認と支援に追われており、なかなか被災地全体の支援まで頭が回りませんでしたが、院生たちの発案で簡単なことからはじめようと決めました。まず、最初に手がけたのはおびただしい情報の整理です。震災当日から、たくさんの情報がネットに流れていました。ほとんどすべては善意の有用な情報ですが、たとえ善意とはいえこれだけ多くの情報が流されると、どこで何を調べれば良いかわからなくなります。

私たちは、必要なウェブサイトを整理し、項目毎に分けて、必ずたどり着けるようにしたリンク集を立ち上げることにしました。被災地はまだ電気も電話もつながらないのに、インターネットどころではないだろうと思いましたが、実際に被災地の近くに住んでいる修了生から、「ネットは意外に使えている、また、被災地自身よりも被災地を支援する側として知りたい情報がある」という話を聞き、なるほど役立ちそうだと思いました。

その時点で多くの人がリンク集を立ち上げていましたが、特定の分野にとどまっており、「とにかくここに来れば何とかなる」というワンストップのサイトはありませんでした。こうして1週間後にはリンク集を立ち上げることができました。その後、毎日の出来事を地道に記録し続けるプロジェクト「1000日記録」や、米国の緊急事態管理庁（FEMA）の日本版を作ろうというプロジェクト「JEMA」など現在も続けています。これらの活動はホームページに掲載していますので、関心のある方はぜひご覧下さい。

図88　岩手県紫波町・遠野市の位置

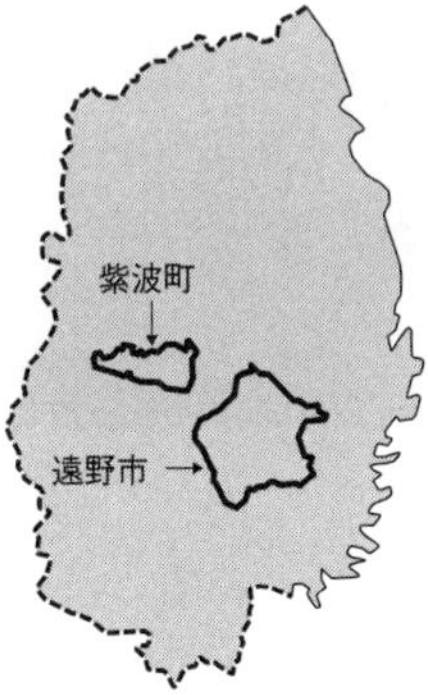

地震工学や医療福祉の先生方を中心とするチームは、震災後すぐに現地入りして大活躍しておられました。PPPを専門にする私たちのチ

図89　フットボールセンターのこけら落とし（2011年4月30日）

ームの出番はまだ先のことだと思っていましたが、何ができるかを把握するために4月に現地入りしました。そして、4月30日、岩手県紫波《しわ》町のJR紫波中央駅前にオープンした岩手県フットボールセンターのこけら落としイベント「がんばろういわてキックオフプロジェクト」に参加しました。紫波中央駅前再生は、私たちの大学院のチームがPPPによる地域再生を目指して最初に手がけた案件でした。フットボールセンターはその第一号プロジェクトでした。

紫波町は岩手県でも内陸部にあるので震災の被害は小さくすみ、発生初期は物資支援を行いました。その後、津波被害を受けた沿岸部の大槌《おおつち》町からの避難者を中心にした避難所の運営、大槌町と山田町で炊き出しなどを実施していました。

このフットボールセンターは震災の影響もなく順調に工事が進み、4月にはオープンにこぎ着けました。私たちのチームも10人ぐらいかけつけて、誘導のボランティアをさせていただきました。

当日は、津波被害を受けた沿岸地域から13チーム157人のサッカー少年が招かれました。日本サッカー協会からは元日本代表の北澤豪さんが参加し、少年たちを指導していました。北澤さんは、サッカー協会からのプレゼントのボールを手にした被災地の子どもたちに、「サッカーボールの前ではみんな同じだ。ルールを守ろう」と指導していました。被災地の子どもたちは大変な思いをしていたと思いますが、それに甘えずにボールを追う姿は感動的でした。

†岩手県紫波町の歴史といま

紫波町は、奥州藤原氏の分家・樋爪《ひづめ》氏が支配したとされる歴史を持っています。室町時代に足利一族の斯波《しば》氏が日詰《ひづめ》地区に高水寺城を築き、戦国期に南部《なんぶ》氏が進出し高水寺城跡に郡山城を置きました。江戸時代には、日詰地区に奥州街道の宿場が置かれ宿場町として賑わいました。現在の紫波町は、1955年、当時の日詰町を中心に、周辺の村が合併して発足しました。

最初に紫波町との接点をつけてくれたのは、紫波町出身で手広く岩手県内でビジネスをしていた院生です。「ぜひ、地元紫波をPPPで再生してほしい」という要望を受け、大学の同僚であるサム田淵教授を主任とするチームを編成して、紫波の発展のためにPPPで何ができるかの可能性調査を行いました。場所は駅前の町有地です。もともと役場の移転用地として準備されていましたが、従来型の公共事業で実施するには負担が大きすぎるので、民間の力を使えないかと考えました。

読者のみなさんは、「町」というととても小さなイメージがあると思います。私たちも最初はそう思いました。しかし、地図でみると良くわかりますが、紫波町の北には県庁所在地の盛岡《もりおか》市、南には産業で発展している花巻《はなまき》市、北上《きたかみ》市があります。盛岡から北上に至る圏域の人口は合計60万人、JR紫波中央駅はちょうどその真ん中に立地しています。考えようによっては、人口60万人都市の中心だと考えることができます。第1章の「地球規模の地域間競争」で述べたように、人や企業が移動するとき境界意識はどんどん下がってきています。紫波町は3万3000人の小さな町かもしれませんが、人や企業にとっては、人口60万人の中心地にもなる可能性があるのです。

すでに調査の時点で、駅から10分ぐらいの場所にニュータウン「アヴニール紫波」が立地していました。このニュータウンは、県住宅供給公社の分譲物件で、広い敷地におしゃれな住宅が並んでいます。分譲価格は現在3000万円台後半であり、首都圏から見ても相当な割高感がありますが、それでも次々に買い手がつくという人気のニュータウンです。そのニュータウンよりも駅に近い場所の開発プロジェクトですから、最終的には住宅地としての価値も相当あると考えました。

†60万人都市のポテンシャルを活かすには

ＰＰＰでは民間にリスクや費用を負担してもらうため、民間が参加したくなるような条件が必要です。60万人都市としての市場ポテンシャルは、すばらしい魅力になると考えました。田渕教授のチームは、具体的に進めるにあたって、民間の意向を機動的に把握しながら動く別組織（ＰＰＰユニット）が必要だと提言しました。

ＰＰＰの可能性を評価してそれまでも民間と上手に協働して大きな成果をあげてきていた藤原孝町長は、提言にしたがって、オガール紫波株式会社を作りプロジェクトを進めはじめます。紫波の地に私たちのチームを紹介した院生（その時点では修了生）が、この組織の担当になりました。ＰＰＰをみっちり学び世界最先端の知識を身につけた人材を投入したプロジェクトは、日本初の本格的なＰＰＰプロジェクトとしてスピーディに立ち上がりました。岩手県フットボールセンターはその第一号です。難易度の高いサッカー場の人工芸を作るという工事で民間提案を募集し、良い提案者にインセンティブをつけるという新しい方式は、全国の注目を集めました。そのこけら落としが前述したサッカーのイベントです。続いて、12年6月、オガールプラザがオープンしました。約6000平方メートルの中に、紫波町図書館、情報交流プラザの公共施設のほかに、産直、カフェ、居酒屋、クリニックなどの民間施設を併設して全体としての公共負担を引き下げるという公民合築方式が用いられています。商業・町づくりが専門の清水義次教授が具体的に指導しました。世界の知恵が紫波で見事に生かされた施設となりました。

†紫波町のコーホート図を読む

図90は、紫波町のコーホート図です。これによると、以下の傾向が見てとれます。

- 15〜19歳、20〜24歳では大幅に減少している
- 25歳から40歳前半までは明らかなプラス傾向にある
- 40歳後半以降はプラス、マイナス幅は大きくない
- 5〜9歳、10〜14歳はプラスになっている。

図90　紫波町のコーホート図

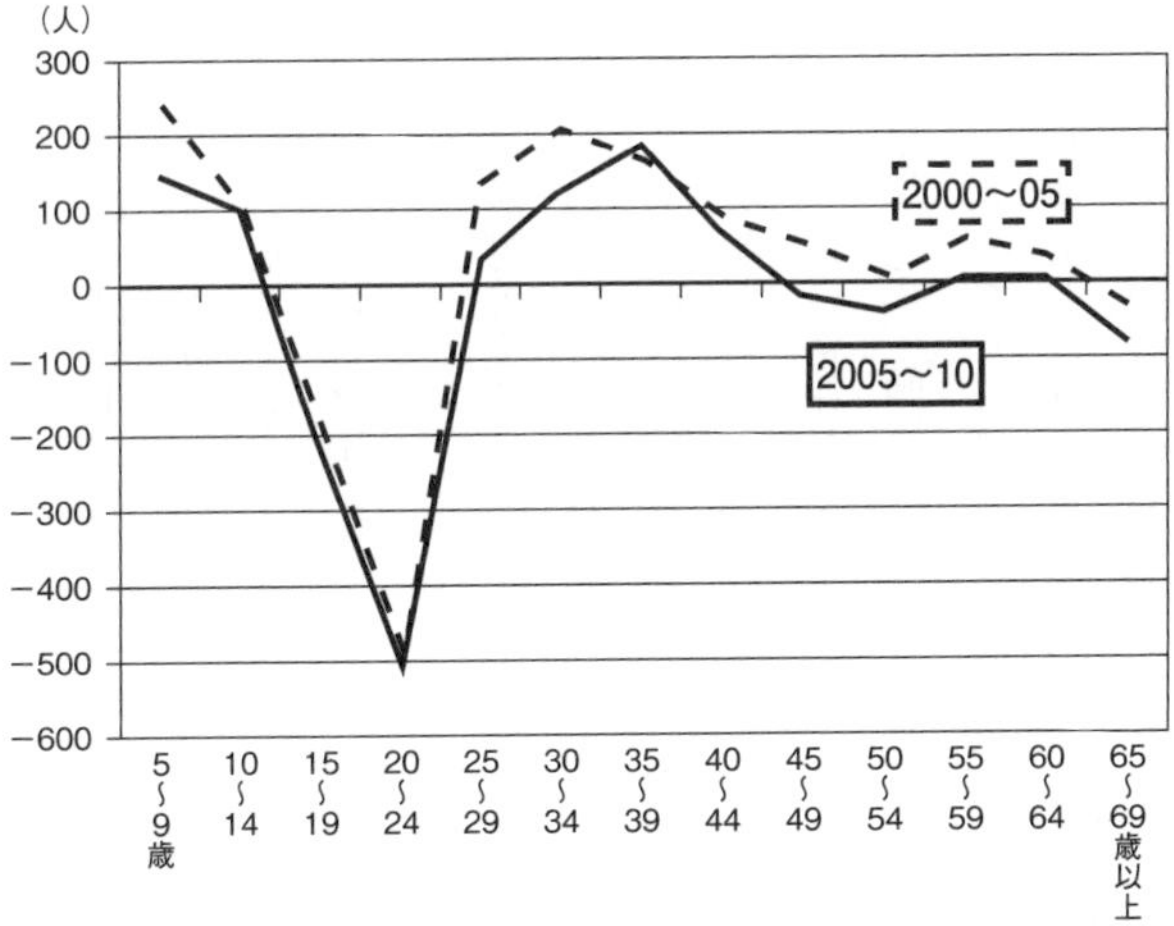
（人）
300
200
100
0
−100
−200
−300
−400
−500
−600
2000〜05
2005〜10
5〜9歳
10〜14
15〜19
20〜24
25〜29
30〜34
35〜39
40〜44
45〜49
50〜54
55〜59
60〜64
65〜69歳以上

図91　紫波町の従業・通学状況

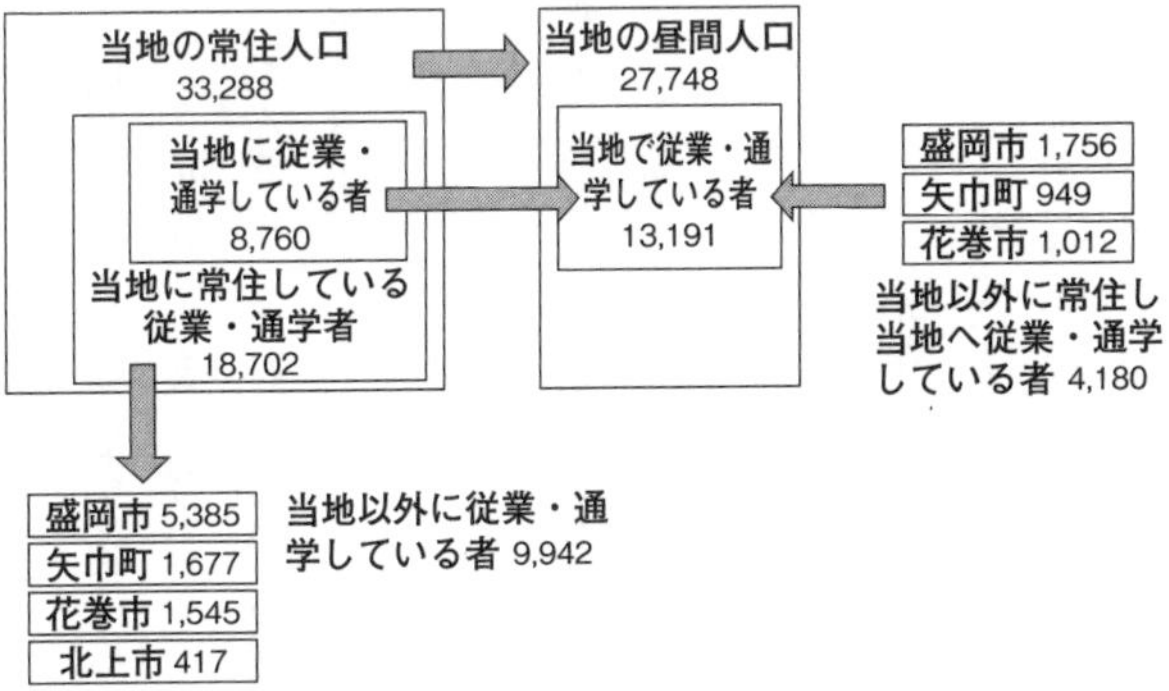
当地の常住人口
33,288
当地に従業・通学している者
8,760
当地に常住している従業・通学者
18,702
当地の昼間人口
27,748
当地で従業・通学している者
13,191
盛岡市 1,756
矢巾町 949
花巻市 1,012
当地以外に常住し当地へ従業・通学している者 4,180
盛岡市 5,385
矢巾町 1,677
花巻市 1,545
北上市 417
当地以外に従業・通学している者 9,942

地方圏では、高校生、大学生、第一次の就職期に人口が流出するのはある程度やむを得ないことです。しかし、紫波町の場合、その後の25歳から40歳前半までの子育て世代に大幅なプラスになっています。高校、大学卒業後、いったん紫波を離れた若者が故郷で住みながら働くためにUターンするとか、何らかの理由でIターンしていることが推測されます。

図91は紫波町の従業・通学状況図です。

まず、町の常住人口3万3288人に比べて、従業・通学者数が1万8702人と今までの町よりも従業・通学者比率が高いことが特徴です。農業など高齢者でもできる仕事が多いこと、共働きの比率が高いことが推測されます。

次いで、当地に常住している従業・通学者のうち、当地以外に従業・通学している人の割合（流出比率）が高いということです。行き先としては盛岡市が第1位で町外への流出者の54%を占めています。ここから盛岡市のベッドタウンであることが明らかになりました。また紫波町と盛岡市に挟まれた矢巾《やはば》町は、盛岡市街地から続く商業施設が多いため、そこで働く人がいるものと推測されます。一方、紫波町の南側に位置する人口10万人級の都市である花巻市、北上市への従業・通学も合計約2000人にのぼっています。人口60万人商圏の中心地という役割は、すでに人々の中では実質的に果たされているのです。

紫波町のサッカー場オープンのイベントに駆けつけた前日、私たちは同じ岩手県の遠野《とおの》市を訪れていました。私たちの問題意識は、いかに早く震災の被害から復旧・復興するのかということでした。遠野市は、震災による被害を自ら受けながら、被害が甚大だった他の自治体を後方支援していると聞いていました。

地震が起きたときは、当の被災地は行政が大混乱してしまうため、復旧・復興はもちろん救出自体の機能が著しく低下します。国の機関や遠隔地の自治体は無傷ですから支援は可能ですが、いっせいに被災地に殺到するとさらに混乱を助長してしまいます。遠野市では、これらの支援機関の基地として沿岸自治体の救出、復旧・復興を助けていました。

†岩手県遠野市の歴史といま

遠野市は、江戸時代に盛岡藩の南部利直が、一族の八戸直義を転封させて遠野鍋倉城主として以来、遠野南部氏の城下町でした。遠野南部氏は裁判権を認められ、独立した藩とみなされていたので独自の産業や文化が発展しました。領内の市場が城下町に集められて、武士の屋敷町（元町、坂下町、砂場町、石倉町）の外側に、六日町、新町、一日市町が置かれ、市が開かれました。また、穀町、材木町、大工町など職人町が作られました。今でも穀町、大工町、材木町、六日町という地名に城下町の名残を見ることができます。

19世紀はじめの文化・文政時代には、江戸文化が岩手にも広がり、遠野でも学問が積極的にすすめられるようになりました。江戸の儒学者久子永豊が漢学塾を開き、嘉永6（1853）年には、その門弟たちが、藩士の師弟のための郷校「信成堂」を開きました。同じ頃「文武修行宿」が設けられ、全国から文人・画家などが招かれました。

明治時代の1889年、町村制施行にともない遠野町が発足しました。

明治後期からは、郷土教育や民族学研究の運動が活発になりました。佐々木喜善は「上《かみ》閉伊《へい》昔話集」「聴耳《ききみみ》草子」などのような民話発掘の仕事をすすめました。明治43（1910）年には、この民話収録をもとに、柳田國男が『遠野物語』を出版しました。彼らの活動が遠野を民話の里として全国的に有名にしました。

1954年、近隣の7村と合併し遠野市となりました。さらに、2005年、宮守《みやもり》村と合併し現在の遠野市になりました。

†遠野市にしか果たせない機能とは何か

遠野市は、東には釜石《かまいし》や大船渡《おおふなと》、西の花巻、盛岡、北上などの主要都市と道路や鉄道でつながれた市です。この立地上の特性から、古来より人やものが往来する中継交易機能を果たしていました。遠野市自体は人口2万9000人ですが、沿岸から内陸の自治体を横断する大きな経済圏域の中心部に位置します。この点、紫波町に似ています。

遠野市の本田敏秋市長は、この地理的特性に着目し、遠野にしか果たせない機能を発揮しようと考えます。それは、「地震による津波被害が発生した際に大きな被害を受けるであろう沿岸自治体を支援する役割を果たす」ことです。遠野市は、宮古《みやこ》市、大槌町、釜石市、住田《すみた》町、奥州《おうしゅう》市、花巻市と接しています。また、これらの市町を経由して山田町、大船渡市、陸前高田《りくぜんたかだ》市、北上市、盛岡市にも近接しています。特に、宮古、山田、大槌、釜石、大船渡、陸前高田の沿岸自治体は、それぞれ車で30分〜1時間でたどり着ける位置にあります。また、盛岡や花巻からも同じような時間距離でたどり着けます。

つまり、沿岸部が津波被害を受けたときに、内陸の盛岡や花巻から行く半分の時間でたどり着くことができます。こうした迅速な支援体制をつくるには、遠野が最適だと判断し

図92　遠野市を拠点とした災害時の支援ネットワーク（遠野市）

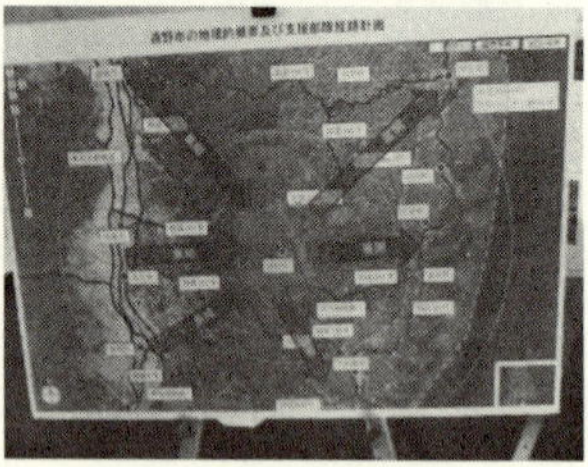

ました。

本田市長は、東日本大震災発生の5年前から、三陸沿岸の大規模災害時における後方支援拠点の構想を提起し、多くの主体を巻き込んだ協議会を開催し、実際に、後方支援訓練を行いました。07年の「岩手県総合防災訓練」、08年の「みちのくＡＬＥＲＴ２００８」という名称の自衛隊を巻き込んだ防災訓練です。

遠野市の防災訓練の特徴は、多様な利害関係者を巻き込んで、一つの自治体の地域・枠組みを超えて、広域的な訓練を行った点にあります。また、訓練の前提となる被害想定は、過去、明治三陸地震、昭和三陸地震の津波災害を受けた歴史に学びながら、東日本大震災に類似した条件を置いていました。さらに、それらの訓練を実施するためには、長期間にわたる粘り強い準備・調整を通じて、組織間・個人間の信頼関係が構築されていました。こうした良い条件が重なって大きな成果を上げることができました。

たとえば、11年3月11日の夜に、出動要請に呼応した自衛隊第九師団が中継基地としての遠野市へ前進した際、すでに、市の職員が、駐屯予定地の運動公園の扉の鍵をあけ、管理棟にろうそくをともして待っていたというエピソードがあります。運動公園は閉鎖している季節です。日頃から訓練していたために、自衛隊の駐屯を予測し、直ちに動いたのです。電気や通信が断絶するなかでも信頼関係に基づき初動活動が行われたことで、その後の活動もスムーズに進みました。被災地は甚大な被害を受けており、重車両が安全に停車できるスペースは避難所に使われます。

また、いつ津波が来るかもしれませんので安全な駐屯地ともいえません。遠野は安全な駐屯地として自衛隊に提供されました。そのほか、各地から集まった警察や消防隊の基地にもなりました。その後、全国から集まったボランティアの宿泊所の提供もはじめました。遠野市自体も沿岸自治体を支援しますが、全国から寄せられた多くの支援の中継基地として機能しました。もっとも多くの機関が拠点をおいた11年5月時

図93　東日本大震災時の基地機能

機関	団体数	人数	車両数
行政	21	184	-
自衛隊	9	990	474
警察	28	1086	250
消防	4	694	159
医療	37	309	31
社協	11	49	-
電力	3	106	50
電話	9	111	40
水道	2	16	20
ガス	1	7	-
獣医	1	5	-
メディア	14	237	-
ボランティア・民間・教育	42	844	-
計	182	4638	1024

（出典）東洋大学資料

点では、図93の通り、182団体、4638名、1024台の車両のための基地になりました。

†相互信頼の水平ネットワークの発想

この後方支援活動は従来の防災計画の発想を大きく変えるものでした。今までは、まず被災した市町村みずから都道府県を通じて国に支援を求めるというピラミッド形の発想でした。しかし、自治体機能を喪失するほどの大きな被害が発生した場合、この仕組みは機能しません。命令系統の発信地点が麻痺している場合、一番近くにいる人が助けるのが自然でしょう。基礎自治体同士であれば、何が必要でどのような問題が起きそうかもあらかじめ理解できます。手に取るような支援ができるのです。

私たちは、その後、国土交通省の震災復興調査をお手伝いして遠野市が果たした後方支援機能を徹底的に研究しました。今後は、全国各地で災害に備えた後方支援機能を整備していくべきだと思います。

12年2月、スイス・ジュネーブで開催された国連主宰のPPP国際会議（PPP Days 2012）で行われた東日本大震災復興の特別セッションでは、私たちのシニアスタッフである難波悠氏が遠野市の活動を報告し、世界からも賞賛されました。相互信頼による水平ネットワークの発想は世界の心を捉えたと思います。

†遠野市の人口コーホート図を読む

図94は遠野市のコーホート図です。

・15〜19歳、20〜24歳は大きく減少
・25〜29歳には小幅のプラス、その後はほぼゼロを維持している
・5〜9歳、10〜14歳もほぼゼロ

高校生・大学生就職期に流出し、その後一部は戻ってくるものの基調としてはマイナス傾向にあることが示されています。人口規模も減少しています。

図95は従業・通学状況です。ここでは、後方支援を行っている沿岸自治体との関係を見るために多くの自治体を取り上げています。

図94　遠野市のコーホート図

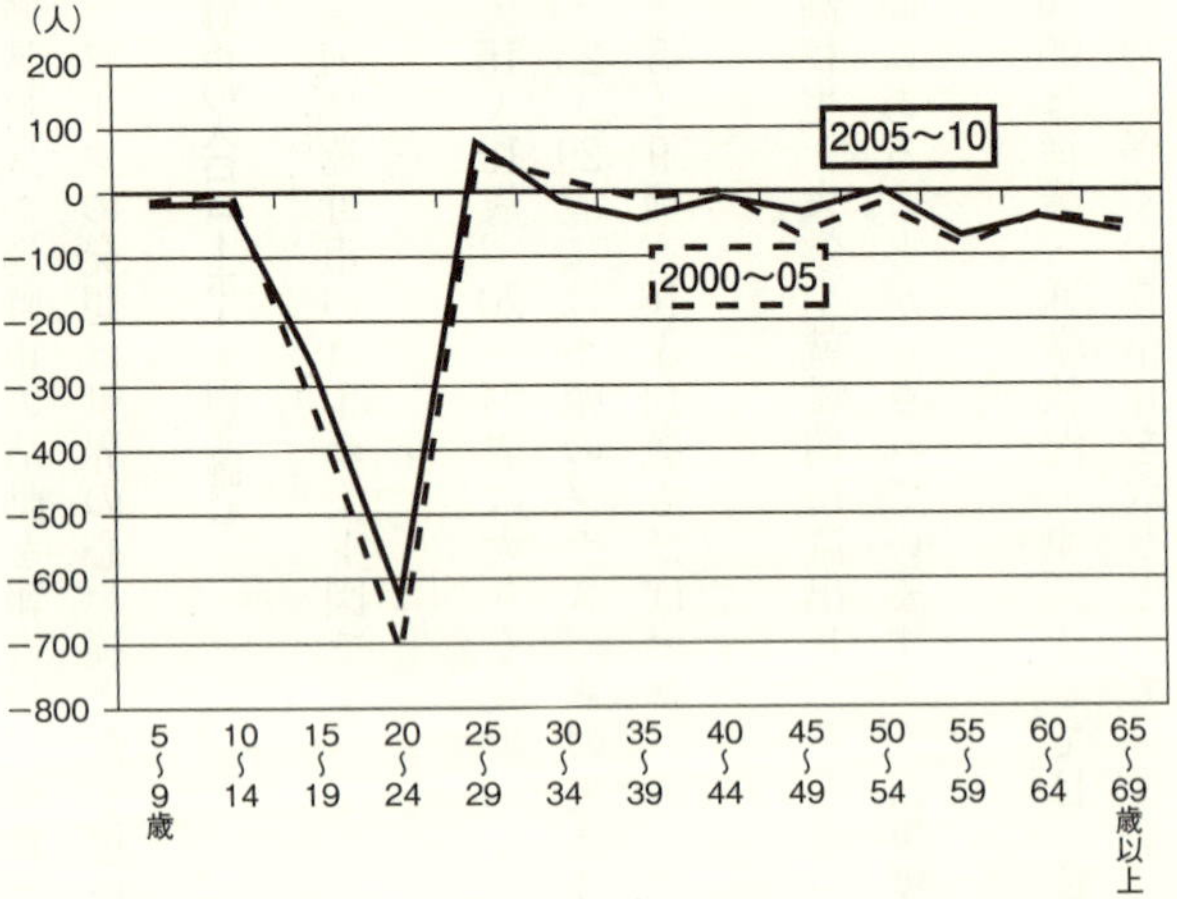
（人）
200
100
0
−100
−200
−300
−400
−500
−600
−700
−800
2005〜10
2000〜05
5〜9歳
10〜14
15〜19
20〜24
25〜29
30〜34
35〜39
40〜44
45〜49
50〜54
55〜59
60〜64
65〜69歳以上

図95　遠野市の従業・通学状況

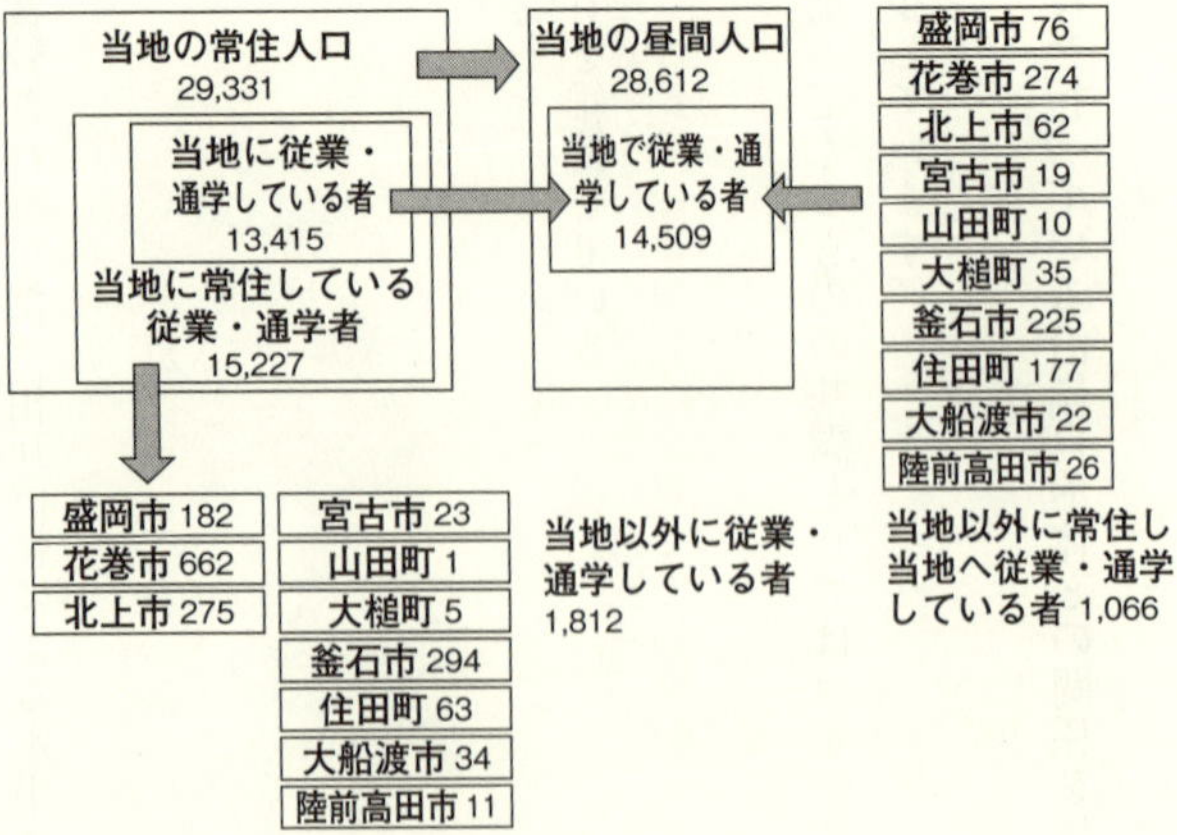
当地の常住人口
29,331
当地に従業・通学している者
13,415
当地に常住している従業・通学者
15,227
当地の昼間人口
28,612
当地で従業・通学している者
14,509
盛岡市 76
花巻市 274
北上市 62
宮古市 19
山田町 10
大槌町 35
釜石市 225
住田町 177
大船渡市 22
陸前高田市 26
盛岡市 182
花巻市 662
北上市 275
宮古市 23
山田町 1
大槌町 5
釜石市 294
住田町 63
大船渡市 34
陸前高田市 11
当地以外に従業・通学している者
1,812
当地以外に常住し当地へ従業・通学している者 1,066

当地に常住している従業・通学者1万5227人のうち88％の1万3415人が市内で従業・通学しています。この数字は、当地で従業・通学している1万4509人のうち92％に相当します。紫波町と比べると従業・通学の人口移動は非常に少ないことがわかります。内陸部の要とはいえ、毎日従業・通学するには遠いと考えられているようです。

しかし、そうしたなかでも多くの自治体との人口移動があります。一番多いのは、新幹線と東北自動車道を有する花巻市です。車なら30～40分、鉄道でも50分で移動できますから、少々遠いもののぎりぎり通勤・通学は可能です。東に位置する沿岸部のなかでは釜石市との関係が深いです。釜石は釜石線の終点で60分の時間距離です。こちらも通勤・通学可能圏です。その他、宮古、山田、大槌、大船渡、陸前高田は少し遠く車での移動が主だと考えられますが、それぞれ数十人規模の移動が行われています。

残念ながら人口減少傾向は事実ですが、こうした人と人の交流の実績が、緊急事態にも機能するのだと思います。私たちは現在、遠野市の未来のために後方支援を産業化することで雇用を創出できないか研究をはじめています。医療、介護、物流、エネルギーなど後方支援は産業として成立できる可能性があります。実績とノウハウのある遠野市にはその資格は十分だと思います。

以上の通り、本節では、岩手県の紫波町と遠野市を取り上げました。いずれも人口3万人前後の小さな自治体です。それだけでは地球規模の地域間競争にうち勝つには非力です。しかし、紫波町は、盛岡から花巻、北上に至る60万人口圏の中心地として両都市へ従業・通学する人たちの定住地になっています。遠野市は、沿岸と内陸部の両側に1時間程度で到着できるという立地条件を生かして、東日本大震災後の後方支援拠点として立派に機能しています。いずれも、自らの行政区域だけでなく、周囲を幅広く見渡した都市経営を行っていると思います。まさに、地球的視野といえるのではないでしょうか。

第３章

シティ・マネジメントへの誘い
——客観的データで地域を経営するために

さて、本書では、さまざまな町を分析してきました。地域再生の分野ではできるだけ地域に住み、少なくとも頻繁に足を運んで現実を見るように言われてきました。しかし、地域を知れば知るほど思いこみから離れられなくなったり、情に流されることも多くあります。私自身もそうでした。今でも多分にそのきらいはあります。いろいろ試行錯誤するなかで、たとえ地域に行ったことがなくてもその地域の特徴を簡単に把握するために、本書で紹介した方法を考えました。

†地域を知る方法①――長期人口推移

あらためて本書で紹介した方法を整理します。

まずは、「長期人口推移」です。どんな地域でも定住人口が統計的に把握されていない地域はありません。人口には国勢調査と住民基本台帳の把握方法があります。住民基本台帳は毎年公表されていますが、詳細な情報があるわけではないので、長期的にみるときは国勢調査が適しています。国勢調査は5年ごとに行われており、現在は1950年以降のデータが開示されています。人口が増えているか減っているかぐらいは誰でも知っていそうに思いますが、実は、それほど理解されていません。特に、長期的な動きは知られていないものです。50～60年の長期データを見ることで、現在課題だと思っていることが実は遠い昔に決着がついていたとか、昔に戻せるかもしれないことがわかることもあります。

夕張市は財政破綻しました。しかし、長期的に人口が減少している状況を見て、石炭で栄えた時期の水準を維持することはとても無理であることを市民が早く認識していれば、行政や議会が何をしようと破綻は避けられたはずだと思います。

東京都新宿区歌舞伎町は、一時期犯罪の巣窟となり人が住める状態にはほど遠いと考えられていました。しかし、近年のクリーンアップ活動の成果で人口が増えつつあります。安全は人の動きを左右するのです。

†地域を知る方法②——コーホート分析

次は、「コーホート分析」です。この方法は、ある年代（コーホート）が、定められた期間の中で何人増減するかを見るものです。ここでは、国勢調査の5歳年齢別の人口を使います。5年前の5歳下の世代の人口を引き算することで、その5年間にその年代の人が何人流出したか／流入したかを知ることができます。計算を簡単にするために自然減（死亡）も含んだ数字になっていますが、若い世代に関しては自然減をあまり気にする必要はありませんので、結果的には社会増減を表すものだと考えてさしつかえありません。これを折れ線グラフにすることによって、地域に固有の波形を描くことができます。高校生・大学生期、就職期、子育て世代など人生の出来事（イベント）に応じて、人が出入りすることがわかります。

三重県津市白山地区（旧白山町）では、「高校生期の人口が大量に増加し高校卒業後に同規模減少する」という特殊な波形を描いていました。これは全寮制の高校の存在を示しています。このグラフを見ることによって、もともと地域内にあったにもかかわらず、住民にはあまり意識されていなかった個性的な高校を、地域の資源として認識することができるようになりました。

年によって波形が変化した場合は、その地域の人口構造があるイベントを機に変化したということを意味します。大阪市此花区はユーエスジェイ開業を機に、大幅に若い世代の定住人口が増えています。

コーホート分析は、住民基本台帳で毎年把握することも可能です。そのためには毎年のデータが公表されている必要がありますが、毎年のデータをそれぞれ5年前と比較することで年々どちらに向いているかを把握することができます。

千葉県木更津市は、大学生・就職期に大量に流出して、その後もほとんど戻らない傾向を示していましたが、最近、子育て世代の人口が大きく増加し、これに連れて子どもたちも増えてきていることがわかりました。アクアラインによって東京、神奈川との時間距離が大幅に短縮された効果が表れたのです。

コーホート分析では、あらかじめ5歳年齢別人口データをパソコンにダウンロードしておき、必要なときに計算するようにします。慣れてくれば数分で結果が出ますので、仕事でもプライベートでも使ってください。学生のみなさんは就職活動にも役立てることができるはずです。

†地域を知る方法③——従業・通学分析

次は、「従業・通学分析」です。これも国勢調査を使います。国勢調査には従業地・通学地のデータがあります。「ある地域に常住する人がどこで従業・通学しているか」を示す表と、「ある地域で従業・通学している人がどこの地域に常住しているか」を示す表の2種類があります。この表が都道府県別にありますので、分析したいときは、その地域を含む都道府県の2種類のデータをダウンロードします。

ここから後は少し面倒ですが、一つ一つこつこつとデータを図に転記していきます。二つの表を混同しないようにすることが重要です。常住人口と昼間人口は国勢調査の別表に記載されていますので、そこから転記します。本当はこれらの数を足したり引いたりすれば一致するはずですが、統計上の不突合があるので厳密には一致しません。

「常住人口のうちの従業・通学人口の比率（従業通学者比率）」「当地に常住し従業・通学している人のなかで当地以外に従業・通学している人の比率（流出比率）」などを計算するとその地域の特徴が浮かび上がります。「従業通学者比率」が高いのは、第一次産業の比率が高く、夫婦共働きの地域であるなどの理由があります。多くの人が働いているので、見た目ほど経済的には苦しくないとか、医療費が少なくてすむなどの傾向があるはずです。「流出比率」が高いのは、常住（居住）に適しているが、その地域自体には雇用機会が少ないといういわゆるベッドタウンを意味することになります。どの地域に従業・通学しているか、どの地域から従業・通学しに来るかで、その地域がどの地域と関係が深いかを見ることができます。

千葉県浦安市は、半分以上の人が東京都に通勤・通学するという東京のベッドタウンでした。同じ沿線でも、東京からの時間距離が遠ざかるほど、東京への従業・通学者数が減少することが習志野市、八千代市の動きから確認されました。

岩手県紫波町は、盛岡市や花巻市で働く人のための常住地として適していることがわかりました。また遠野市は、毎日従業・通学するには遠いですが、北は宮古市から南は陸前高田市まで人が交流しており、これが東日本大震災後の後方支援に大いに役立ったことがわかりました。

従業・通学分析と人口コーホート分析とを組み合わせると、さらに立体的になります。北海道伊達市と長野県下條村は、高齢者が住んでいると思われがちな町ですが、実は近隣の都市である室蘭市や飯田市に通勤する子育て世代を上手に取り込んでいます。地方圏でも人口を増やすことが可能であることを示しています。

人口移動が多い地域を知ることで、その地域の人の流れを大まかに把握することができます。一方、たとえ少人数であっても常識では考えられないような従業・通学データがあればそれは有力な手がかりになります。

日本最北端の稚内市には、電車で5時間かかる札幌市からの従業・通学者が75人いました。さらには、海を遠く隔てた宮城県気仙沼市からも11名の従業・通学者がいました。また日本最南端の石垣市には、東京や大阪など全国から従業通学している人たちがいました。

鎌倉市からは仕事ではなく通学している人がいました。

こういう人たちはどういう理由で従業・通学しているのか、地道に調べていけば表面に見えていない意外な答えが見つかり、それをたどっていくことで地域再生のヒントを得られるかもしれません。

†地域を知る方法④——経済センサス

その地域にどのような雇用機会があるか。それを探すのが「経済センサス」です。

経済センサスでは、事業所数と就業者数の両方が公表されています。経済センサスの業種分類の特徴は非常に細かいことです。たとえば飲食サービス業の内訳として、食堂・レストランが、日本料理店、中華料理店、焼肉店、そば・うどん店、すし店、酒場・ビヤホール、喫茶店、バー・キャバレー・ナイトクラブ、ハンバーガー、お好み焼・焼きそば・たこ焼店に細かく分類されています。ビジネスのマーケティングにも十分に使えるでしょう。

昭和の町で有名になった大分県豊後高田市は、商店街で有名になりつつも、雇用は製造業で創りだしているということが明らかになりました。観光と製造業を上手に組み合わせて、地域活性化を図っていることがわかります。

また、関東三大さかなの町のうち、神奈川県三浦市は「生魚の町」、千葉県銚子市は「水産加工の町」であるのに対して、千葉県館山市は、漁業も水産加工業も卸小売業も少ない「さかなに関係がないのにさかなの町として認められている町」だということがわかりました。

本書では、以上のような方法を使ってみました。本書で紹介しきれなかったいろいろな方法がありますが、それはまたの機会にご紹介しましょう。幸いにして、日本は統計がしっかりしている国です。全国で1800ある基礎自治体すべてについて（政令市の特別区も）、これらの統計データを使うことができます。チャンスを逃す手はありません。みなさんの創意工夫で隠された真実を掘り下げる知の旅に出発してください。

†シティ・マネジメントへの入口

さて、本書で紹介した地域分析の方法は、ぜひ自治体関係者に駆使してほしいと考えています。これらの方法は自治体経営、地域経営の基礎データとして使えます。

私は、仕事柄さまざまな自治体で講演や研修をさせていただいています。最近では、PPPの他にも社会資本老朽化の話が主になっていますが、時間があるときには、最初に本書で取り上げたような基礎的な分析から入ることがあります。どのような問題に対処するにも、まずは地域の実情を把握する必要があります。試しに、当の地域と近隣の都市のコーホート分析をして波形グラフを並べてお見せすることがあります。

残念ながら、正解率は低いです。しかし、がっかりする必要はありません。自分の地域のことはすべて知っているつもりになりがちですが、実際はそうではありません。自分の地域のことは知らないのだという前提を置くと、逆に、さまざまなデータが自然に頭に入ってくると思います。人間で言えば健康診断です。みんなが自分の健康のことを正確に把握していれば、医者はいらないでしょう。自分が病気かどうかわからないので検査することと同じなのです。

こうした客観的データをもとにして経営を行うことがシティ・マネジメントです。

†シティ・マネジャーという自治体経営の専門家

海外には、シティ・マネジャーと呼ばれる専門家によって自治体経営を行わせる方式があります。シティ・マネジャーは、選挙ではなく市長や議会から任命され、市長や議会が定めた政策を、もっとも高い費用対効果によって実現することを使命としています。政治的には厳正中立を求められ、自分自身が政策を決定するのではなく、市長や議会が政策判断を行う場合に必要な客観的な情報を整理分析し、選択肢を提示します。

提示する選択肢には、経済的、法制度的な検証を行い、長所・短所を明示することが求められます。市長や議会が、政治的な思惑（あるいは個人的な利害）で政策を決定することがないよう、選択の短所も明示し、政治家が責任を負うことを求めるという効果があります。

大学院で経済、会計、財政、金融などを学んだ専門的な人材が、自治体のシティ・マネジャー室のスタッフとして採用されます。地元出身であることは普通はなく、自分のスキルを必要とする別の自治体に勤務することが一般的です。その後はシティ・マネジャー室の中で昇進してシティ・マネジャーになっていきますが、同じ自治体の中で昇進することは少なく、いくつかの自治体で経験を積みながら次第に大きな自治体のシティ・マネジャーに昇進していく例が多いようです。MBA出身の経営者が多くの企業を転進するのと同じです。一般の公務員とはまったく別のキャリアパスだということです。

米国では、従来は、市長の権限が強いストロング・メイヤー、市長の権限が弱く議会が政策を決定するウィーク・メイヤー制度などが存在するといわれていましたが、現在は6割の市でシティ・マネジャー制度が導入されています。ストロング・メイヤー、ウィーク・メイヤーのいずれであってもシティ・マネジャーとは矛盾しません。シティ・マネジャーが増加しているのは、それだけ自治体経営が複雑化し、財政が厳しさを増しているためです。

†自治体の破綻と経営の専門家の登場

米国でシティ・マネジャー制を取り入れている自治体が増えている制度的な背景として考えておかなければならないのは、自治体も財政破綻するということ、自治体は毎年度予算を均衡させなければならないということです。

自治体も財政破綻するということは連邦破産法第9章（チャプター9）で決められています。連邦破産法とは、清算型、更生型の破綻手続きを定めたもので、日本でいえば、破産法、会社更生法、民事再生法などを総合したものです。もともとは古い法律ですが、第9章は、1978年の大改正の際に追加されました。自治体が債務の返済ができない状態に陥り破綻すると、この法律にもとづいて手続きが開始されます。裁判所の管理下で行政サービスは維持されますが、債務の返済は制限され、多くの場合債務が返済されないケースが生じます。債権者の立場からすると債権放棄を求められることになります。

財政破綻すれば、その原因となった市長や議員は厳しく責任を問われることになります。市長や議員からすれば責任を問われるのはいやですから、破綻の原因になるような下手な経営はしたくありません。かといって政治家は経営の専門家ではありませんので、その役割をシティ・マネジャーに担ってもらうことになります。

†収支を均衡させるバジェット・オフィサー

米国でシティ・マネジャー制度が普及するもう一つの要素が、各州で規定されている収支均衡（バランス・バジェット）制度です。

州によってまちまちですが、おおむね80年代後半以降に定められたようです。米国では、80年代のレーガン政権期に、連邦政府の予算を均衡させることを目的とした85年財政均衡及び緊急赤字統制法（通称グラム・ラドマン・ホリングス法）という連邦法が制定されました。これは、当時激化した東西冷戦のための軍事費支出増加を主因として拡大した財政赤字対策として、91年度までに赤字をゼロにすることを定めたものでした。この法律は、予算策定後の事情変更による赤字を制御できないという大きな欠陥があったため、当初の予定通りに均衡を達成できないことが明らかになりました。

そこで、90年には1990年包括財政調整法という法律が制定されます。旧法が財政赤字という結果的な数値を対象としたのに対して、新法は歳出を制御することが可能になりました。この発想を地方自治体に適用したのがバランス・バジェットです。収入と支出をバランスさせるという簡単なルールを義務づけました。過大な収入は前提にできませんので、一定の収入の範囲内で予算を組むことになります。優先順位を決めるのは市長や議会ですが、優先とされた分野の支出を増やすと他の分野にどのような影響を与えるかを分析し、いくつかの選択肢を提示するのがバジェット・オフィサーです。シティ・マネジャーがいる市では、バジェット・オフィサーは、シティ・マネジャーと協働しその指示と了解を得ながら、現実的に可能な選択肢を考えます。この選択肢を合理的に考えることをバランス・バジェット・アプローチと呼んでいます。

バランス・バジェットは自治体の破綻制度同様に、シティ・マネジャーの仕事の制度的な裏付けになっています。予算を均衡させ財政を破綻させないという簡単な原理が、明確かつ透明なシティ・マネジメントを可能にしていると言えるでしょう。

✝日本での適用

日本には自治体の破綻法制もバランス・バジェット規制も存在しません。そういう意味では、日本でシティ・マネジメントを導入しても、それを支える制度的な枠組みはないことになります。

東洋大学では、2012年8月に米国のシティ・マネジメントの専門家をお呼びして国際会議を開催しました。そのときにこの点も議論しました。彼らは、「日本でも自治体の破綻法制やバランス・バジェット規制があれば有効だろう。しかし、規制がないから、できないということはない。米国でも、シティ・マネジャーやバジェット・オフィサーを支えているのは倫理的な使命感であり、法規制ではない。日本なら、米国以上に法規制なしでもできるはずだ」とエールを込めて指摘していました。

私も同感です。シティ・マネジメントとは、政策目的を達成するための政策手段を多様に考えられること、地域の客観的データを分析できること、それにもとづいて可能な選択肢を提示できること、それぞれの選択肢の長所短所を明示できることだと思います。これができれば、別に法制度の制約がなくても良いマネジメントはできると思います。そもそも法で義務づけられなければマネジメントできないほど、情けない日本人ではないはずです。

東洋大学は、２０１３年度から大学院経済学研究科公民連携専攻にシティ・マネジメント・コースを創設します。日本版のシティ・マネジメントを推進したいと考えています。

†地域分析とシティ・マネジメントの多様性

本書で紹介した地域分析手法は、シティ・マネジメント全体でいえば序章のようなものです。他にもさまざまな分析をしながら客観的に経営を進めていく必要があります。最終目的は、地域経済を持続させることですが、そのために、現状、どういう年齢層の人が出入りしているのか、どこへ仕事をしに行っているのか、地域で提供されている雇用機会は何かなどを把握することは不可欠でしょう。

本書では、人口と雇用に限定していますが、他にも地域分析手法は多々あります。観光や産業、物流に関するデータも豊富に存在しています。こうしたデータを駆使して、地域の現状を客観的に把握します。

図96　シティ・マネジメントの体系

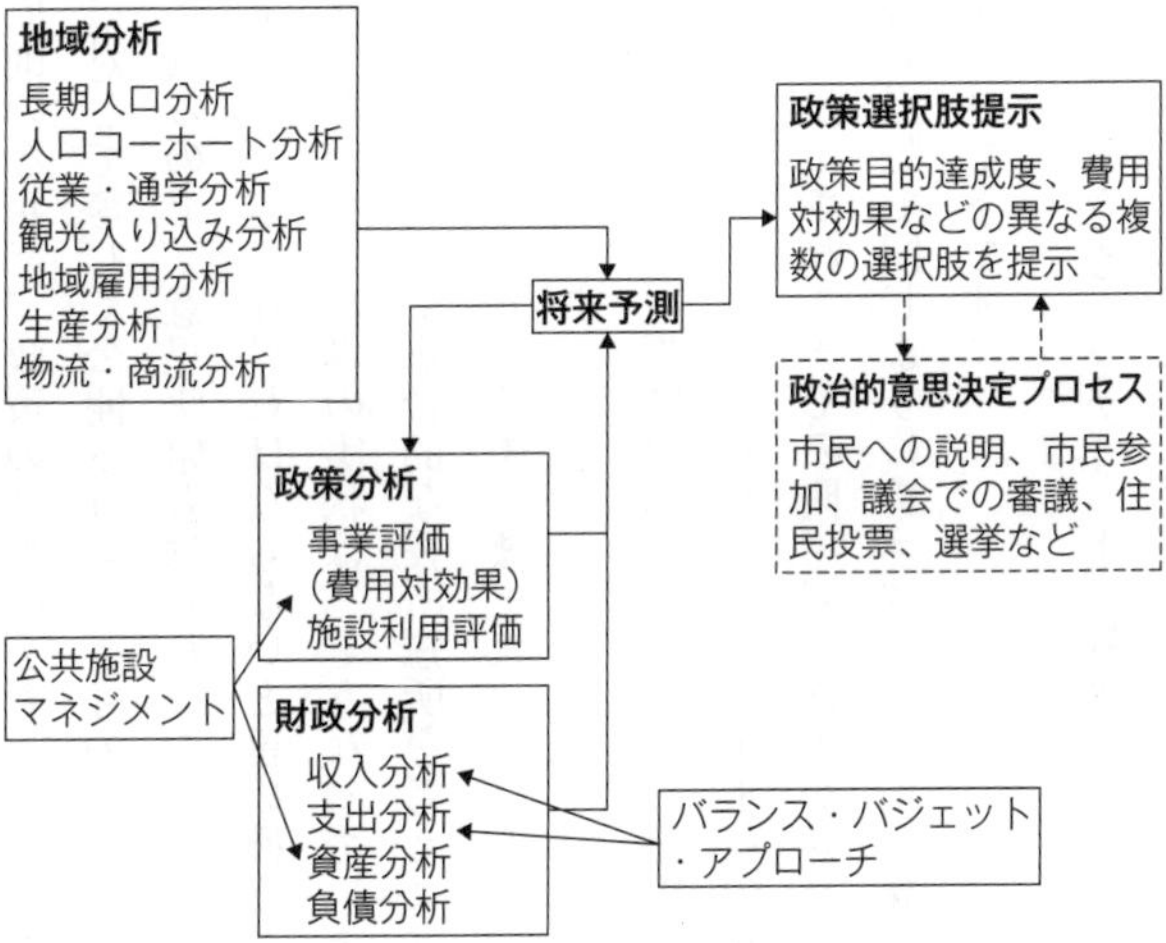

次いで、政策分析や財政分析が必要です。事業評価や収入・支出の分析を行います。この分析の中で注目すべきものが、公共施設マネジメントとバランス・バジェット・アプローチです。

公共施設マネジメントの必要性はケース⑨の習志野市で紹介しました。すべての自治体が、60〜70年代に投資した公共施設・インフラが老朽化していて、今あるものをそのまま更新するにはとても財源が足りないという状況に陥っています。これを管理し処方箋を考えるのが公共施設マネジメントです。

こうした各種の分析を経て将来予測を行い、自治体経営を持続するという大原則のなかで、政策の選択肢を考えます。選択肢は、意思決定者である行政、議会、市民に対して等しく公開されるべきものです。選択肢の根拠と効果や負担は客観的データで示されるので、意思決定者はそれにもとづいて意思決定をすることができます。責任を持って意思決定しなければならないと言い換えた方が良いかもしれません。

残念ながら、日本の実状は、そうなっていません。多くの議員や市民は、断片的な部分だけに目を向けて総合的な長所短所を考えようとしません。無駄な公共投資が行われ借金が増えることも珍しくありません。そうなった大きな原因はシティ・マネジメントができていないことです。

議員や市民が選択肢を前にして真剣に議論すれば、さらに別の選択肢が出てくるでしょう。それでもかまいません。新しい選択肢の長所短所を分析して追加していきます。政策として決定されるまでの間、同じ作業が繰り返されます。政策として決定されても、その実現の過程で同じようにチェックと修正が繰り返されます。このすべての活動がシティ・マネジメントです。

†下條村にみるシティ・マネジメントの成功例

本書で取り上げた事例のなかで、シティ・マネジメントの観点でもっとも成功していると思えるのが長野県下條村です。人口わずか4000人、普通の感覚ではとても自立できるとは思えません。交付税、補助金を受けていることも事実です。しかし、それに甘えることなく、生活道路を住民自身で舗装する道普請や、公共下水道に比べて扱いが面倒でもコストの安い合併浄化槽方式を導入するなど、身の丈にあった経営をしています。

その結果、財政的に問題のない水準を維持したうえで、若者向けの公営住宅を建設し、雇用機会の多い飯田市に近い利点を生かして子育て世代を積極的に増やしています。合併協議からも離脱し、単独で生きる道を選びました。

これらの判断が適切かどうか、長期的に持続できるかどうかは、歴史が評価すべきことです。しかし、複数の選択肢を住民に提示し、一般的には難しいと思われる選択肢を選び、着実に実行しているのは立派な経営であり、望ましいシティ・マネジメントだと思います。

ぜひ、すべての自治体でシティ・マネジメントを学んでいただくことを強く期待します。

おわりに

　私は大学卒業後、28年間、日本開発銀行（現在の日本政策投資銀行）という政府系の銀行に勤めていました。その期間の半分ぐらいは、大都市圏や地方圏の開発プロジェクトの融資や企画に携わっていました。開発プロジェクトというのは、鉄道の駅前の再開発ビルを建設したり、さびれた温泉旅館を再生したり、地場企業の技術を発展させたり、最先端技術の工場を誘致したりすることです。多くのプロジェクトは、その地域の将来の経済に決定的に影響を与えるプロジェクトでした。

　入行して最初に配属された職場では、石炭産業を担当しました。北海道や九州の炭鉱に行き、ヘルメットをかぶって地底数百メートル先まで電車でもぐり、そこから採掘現場まで何キロメートルも歩いたこともあります。炭鉱は予想以上に広く明るく、巨大な採掘マシーンで自動化された職場でした。もちろん、危険な場所に銀行員を案内するはずはありませんが、当時の民間銀行では、実際にプロジェクトの現場まで出向くことはめったになかったと聞いていたので、新米開発銀行員として密かに誇りを感じたことを思い出します。当時、すでに石炭産業は斜陽産業と呼ばれていました。今思えば最終的に産業を整理する段階だったと思います。

銀行員時代の一番大きなプロジェクトは、大阪市にユニバーサル・スタジオ（現ユー・エス・ジェイ）を誘致する案件でした。私自身は、ユニバーサル・スタジオにはディズニーランドに唯一対抗できる魅力があると考えていましたので、プロジェクトは問題なく進むだろうと楽観的に考えていました。しかし、関西経済が地盤沈下していたことに加えて、自治体が主導するプロジェクトは本当に大丈夫かという心配が高まっていたので、銀行の内外で二の足を踏む人が何人も出てきました。私は魅力を実感してもらうしかないと思い、地元で作ったプロモーション・ビデオをいろいろな人に見せました。アトラクションが体感できるほどの素晴らしいビデオでした。ビデオを見たすべての人は、これならお客さんも呼べるだろうと聞き入れてくれました。その後、世界でもはじめて、集客事業にプロジェクト・ファイナンスという新しい金融の知恵を使うことになり、実現することができました。

銀行を退職する3日前、ある案件を役員会で説明しました。大分事務所の取り扱った

〝豊後高田昭和の町〟という商店街再生の案件でした。いろいろな試みに失敗した商店街が自分たちの良さを再検討した結果、商店街が一番繁栄していた昭和30年代の町並みに戻すことになり、商店の建物や看板はもちろん、商品や売り方までも「昭和」に統一しようとしていました。全国で多くの商店街が苦しんでいた時期でした。この案件が成功すれば、がんばっている商店街に勇気を与えるだろうと思いました。

長い銀行員生活を経て、東洋大学の教員になりました。東洋大学総長である塩川正十郎元財務相の肝いりで、2006年に、「公民連携」（パブリック・プライベート・パートナーシップ／PPP）を扱う社会人大学院が設立されたからです。「公民連携」とは、行政、民間企業、NPO、市民が一緒に、公共サービスや経済の活性化という共通の目的を達成する活動を指している言葉です。銀行員時代の経験を単なる経験談に終わらせるのではなく、理論的に体系化して全国の地域の再生に貢献してほしいというのが大学の期待だと感じました。

おかげさまで、その後は、銀行員時代と同じように自治体や商工会議所などの地域関係者を対象に、経済や金融の手法を使って課題を解決することに取り組んでいます。経済学系の理論と日々の地域経済の再生を実践するという世界でも初めての試みは、2007年に文部科学省の大学院ＧＰ（グッド・プラクティス）に採択され、自治体との連携に資金的な支援をいただくことになりました。

この支援を得て、大学院では、岩手県紫波町、兵庫県加西市、東京都新宿区、福岡県北九州市など多くの地域で、その地域の抱えている課題に具体的に答えていきました。この取り組みはすでに20地域を超えました。なかにはフィリピンのミンダナオ島のブトゥアン市やキルギス共和国という海外の町も含まれています。２０１１年には、これらの活動が、世界でのＰＰＰを推進していた国連（国際連合）に評価されて、国連のＰＰＰ教育研究機関として公認されています。

本書はそうした活動の成果をまとめ、社会に還元するものです。地域問題は勘や人情ではなく、科学的に分析し解決すべきものだと思います。本書がそうした取り組みの一助になれば幸いだと思っています。

平成24年11月

根本祐二

ちくま新書
992

「豊《ゆた》かな地域《ちいき》」はどこがちがうのか
——地域間競争《ちいきかんきょうそう》の時代《じだい》

二〇一三年一月一〇日 第一刷発行

著者 根本祐二（ねもと・ゆうじ）

発行者 熊沢敏之

発行所 株式会社 筑摩書房
東京都台東区蔵前二-五-三 郵便番号一一一-八七五五
振替〇〇一六〇-八-四一二三

装幀者 間村俊一

印刷・製本 三松堂印刷 株式会社

本書をコピー、スキャニング等の方法により無許諾で複製することは、法令に規定された場合を除いて禁止されています。請負業者等の第三者によるデジタル化は一切認められていませんので、ご注意ください。

乱丁・落丁本の場合は、左記宛にご送付下さい。
送料小社負担でお取り替えいたします。
ご注文・お問い合わせも左記へお願いいたします。
〒三三一-八五〇七 さいたま市北区櫛引町二-六〇四
筑摩書房サービスセンター 電話〇四八-六五一-〇〇五三

© Nemoto Yuji 2013 Printed in Japan

ISBN978-4-480-06691-6 C0233

ちくま新書

853
地域再生の罠
――なぜ市民と地方は豊かになれないのか？
久繁哲之介
活性化は間違いだらけだ！　多くは専門家らが独善的に行う施策にすぎず、そのために衰退は深まっている。このカラクリを暴き、市民のための地域再生を示す。

800
コミュニティを問いなおす
――つながり・都市・日本社会の未来
広井良典
高度成長を支えた古い共同体が崩れ、個人の社会的孤立が深刻化する日本。人々の「つながり」をいかに築き直すかが最大の課題だ。幸福な生の基盤を根っこから問う。

960
暴走する地方自治
田村秀
行革を旗印に怪気炎を上げる市長や知事、地域政党。だが自称改革派は矛盾だらけだ。幻想を振りまき混乱に拍車をかける彼らの政策を分析、地方自治を問いなおす！

937
階級都市
――格差が街を侵食する
橋本健二
街には格差があふれている。古くは「山の手」「下町」と身分によって分断されていたが、現在もその構図は変わっていない。宿命づけられた階級都市のリアルに迫る。

941
限界集落の真実
――過疎の村は消えるか？
山下祐介
「限界集落はどこも消滅寸前」は嘘である。危機を煽り立てるだけの報道や、カネによる解決に終始する政府の過疎対策の誤りを正し、真の地域再生とは何かを考える。

930
世代間格差
――人口減少社会を問いなおす
加藤久和
年金破綻、かさむ医療費、奪われる若者雇用――。年齢によって利害が生じる「世代間格差」は、いかに解消できるか？　問題点から処方箋まで、徹底的に検証する。

873
道州制
佐々木信夫
中央集権国家としての日本はすでに破綻に瀕している。地方分権の理念を分かりやすく説きながら、諸外国との比較、様々なデータを参照し、この国の将来を考える。